세계 속에 한국 브랜드 심기 15년
더 큰 대한민국을 꿈꾸다

세계 속에 한국 브랜드 심기 15년

KOREA
더 큰 대한민국을 꿈꾸다
BRAND
FIFTEEN YEARS

이기우

정인출판사

Prologue

지구에서 가장 큰 5개국에
한국을 심다

 사람은 누구나 자신이 살아 온 삶을 무엇으로든 남기고 싶어하는 욕구가 있다. 특별한 삶을 살아왔다면 더욱 그럴 것이다. 필자는 공직 생활의 상당 부분을 국가홍보를 위해 해외 일선에서 일하며 보내왔다. 이런 경험을 자료로 남기는 것이 개인의 업적으로 의미가 있을 뿐만 아니라 비슷한 일을 하는 사람들에게 조금이나마 도움이 될 것이라는 기대에 글을 쓰기 시작했다.
 21세기 지구촌 시대에 접어들면서 국가 이미지 또는 국가 브랜드가 한 국가의 대외정책이나 기업의 경쟁력을 확보하는데 중요한 역할을 하고 있다. 그래서 주요 선진국들은 자국의 국가 이미지 향상을 위한 흐름에 앞장서서 경쟁적으로 열을 올리고 있다. 운이 좋게도 필자는 지구상에서 국토가 가장 큰 국가 순인 러시아, 캐나다, 미국, 중국, 브라질에서 한국을 홍보하는 해외홍보관 생활을 했다. 1992년 캐나다 토론토를 시작으로 미국의 샌프란시스코, 뉴욕, 워싱턴을 거쳐 러시아의 모스크바, 브라질의 브라질리아, 마지막으로 중국의 북경에서 한국대사관 홍보공사를 끝으로 2010년 2월말 귀국했다.

그런데 막상 이들 지역에서의 해외홍보 업무 경험을 글로 옮기다 보니 몇 가지 걱정이 생겼다. 우선 책 내용의 초점과 방향을 어디에 둘 것인가 하는 것이었다. 일 중심으로 쓸 것인가? 아니면 수필 형태로 쓸 것인가? 아니면 자서전 형태로 쓸 것인가? 결국은 일을 중심으로 하되 부분적으로 수필을 가미한 형태로 정리하였다. 따라서 이 책의 내용은 학술적이기 보다는 해외 홍보 현장에서 있었던 경험을 중심으로 기술되었다.

긴 시간 해외 현장에서 국가홍보 업무를 마치고 돌아온 필자의 얼굴에는 주름이 가득하고 백발이 무성하지만, 그동안 우리나라가 살기 좋은 나라로 변해있는 모습에 자부심을 느낀다. 한국은 짧은 기간 동안 경제적 성장과 정치적 민주화라는 두 마리 토끼를 잡은 보기 드문 성공사례로 꼽힌다. 우리의 국력이 신장되고 국제적인 위상이 크게 향상되어, 세계가 놀라고 개도국이 벤치마킹하는 대한민국으로 성장·발전 되어온 것을 보면서 밖에서 땀 흘리며 일한 보람을 느낀다.

그러나 과거 우리나라의 국가 이미지 홍보에 대해서는 반성해야 할 부분도 있다고 생각한다. 해외홍보는 장기적인 안목으로 접근해야 할 과제다. 그럼에도 불구하고 홍보의 효과가 단기간에 나타나지 않는 속성 때문에 소홀하기 쉬운 분야이기도 하다. 지난 세월을 돌이켜 보면, 우리나라의 해외홍보 역사도 격동기를 거쳐 왔다. 국내 정치적 요인에 의해 해외홍보의 중요성과 방향이 달라지기도 했고, 정권이 바뀔 때마다 해외홍보 업무에 대한 인식과 조직의 위상이 변화하기도 했다. 미국의 해외홍보 총괄 부서인 미공보원(USIA)이 오랫동안 대통령 직속기관으로 있다가 클린턴 정부 시기 미국무부로 이관된 것이 중동지역을 위시한 미국의 공공외교 실패의 한 요인으로 지적되는 것을 타산지석(他山之石)으로 삼을 필요가 있다.

특히, 부존자원이 부족한 우리나라로서는 앞으로 점점 더 대외의 존도가 높아질 수밖에 없고, 그럴수록 해외에서 우리 국가 이미지를 잘 관리하고 향상시켜 나가야 한다. 선진국 진입을 앞둔 이 시점에서 높아진 국격(國格)에 맞는 한국과 한국인에 대한 이미지를 어떻게 정립하고, 해외홍보를 통해 국가 이미지를 높여 나갈 것인가를 민관(民官)이 함께 진지하게 고민 할 시기가 되었다고 생각한다. 그리고 그러한 시기에 즈음해서 이 책이 작은 도움이 되기를 바란다. 이와 관련된 일을 하지 않더라도 세계 주요 국가들을 간접적으로 경험해본다는 차원에서 재미있게 읽어준다면 더 바랄 나위가 없겠다.

그 동안 해외홍보를 위해 보이지 않는 곳에서 묵묵히 함께 일 해온 동료들과 세계 여러 곳을 함께 따라다니느라 고생한 가족들에게 이 작은 책으로 보답이 되었으면 한다.

이 책이 나오기까지 도와주신 박이정출판사 박찬익 사장님, 그리고 윤문과 편집에 도움을 주신 정봉선 사장님과 김민정님에게도 깊은 감사를 드린다.

이 기 우

Contents

004   Prologue _ 지구에서 가장 큰 5개국에 한국을 심다

Part 1   미국은 여전히 세계 1등 국가

016   1. 균등한 기회의 나라, 미국
019   2. 소비의 나라 미국, 거지의 경고
022   3. 9.11 사태로 이성을 잃은 미국
027   4. 미국 정부도 언론 대책을 강구한다
030   5. 샌프란시스코 양대 명문대학의 한반도 영향력
033   6. 내셔날 지오그래픽 지도에 '동해/일본해' 병기
037   7. 햇볕 정책과 한국전쟁

Part 2   떠오르는 신흥강국 중국을 만나다

042   1. 설레는 마음으로 중국 부임
044   2. 북경 올림픽 성화는 중화민족주의의 부활을 알리는 봉화
048   3. 중국의 놀라운 변화들
051   4. 서커스와 중국인의 국민성
054   5. 북경의 봄은 정치의 계절
056   6. 대국굴기(大國崛起) 준비하는 중국 공산당 회의
059   7. 중국의 딜레마
061   8. '보이지 않는 손'과 '빅 브라더'가 공존하는 사회
065   9. 중국식 민주주의 제도
068   10. 중국 언론은 아직 관제 언론 수준
072   11. 소수민족의 문제와 동북공정
074   12. 4억 명의 중국 네티즌이 몰려온다
076   13. 남북한을 바라보는 중국의 시각
079   14. 대장금과 한류의 재 점화
082   15. 혐한(嫌韓)정서, 어디서부터 잘못된 것인가?
086   16. '동감한국(動感韓國)' 행사의 경험
088   17. 반한 감정 해소를 위하여
090   18. 중국 경제, 이젠 내륙지방으로 눈 돌릴 때
093   19. 중국을 본격적으로 연구할 시기가 도래했다

Part 3   문화예술의 나라 러시아

098	1. 어둠과 불안 속에서 시작한 러시아 생활
101	2. 8개월 동안 이어지는 러시아의 겨울 풍경
103	3. 수준 높은 예술의 나라
106	4. 운전문화와 시민의식 부족
109	5. 고급문화를 향유하는 서민들
111	6. 화려하고 사치스러운 러시아인
113	7. 아름다운 만큼 빨리 지는 꽃
115	8. 민족주의와 외국인 혐오증
117	9. 콧대 높은 에르미타주 박물관장과의 면담
120	10. 백야의 도시, 상트페테르부르크
122	11. 2차 세계대전 종전에 대한 러시아인들의 자부심
124	12. '톨스토이 문학상' 제정의 보람
128	13. 문화 수출을 국가 주력 사업으로
130	14. 맥도날드, 유일한 외자 기업으로 생존
132	15. '한-러 친선 특급 사업'을 통해 한국 이미지 확산

Part 4 천혜의 자연을 가진 브라질

- 138   1. 우리에겐 미지의 대국인 브라질
- 140   2. 유럽과 남미의 만남, 브라질 사람들
- 142   3. 낮은 교육 수준으로 인한 맨 파워 빈국
- 145   4. 공권력에 도전하는 조직범죄
- 147   5. 브라질의 골칫거리 빈부 격차
- 150   6. 축구의 나라 브라질
- 154   7. 브라질의 녹색 황금, 사탕수수
- 157   8. 브라질 경제를 위협하는 볼리비아의 자원 민족주의
- 160   9. 남미 공동체 건설의 헤게모니
- 163   10. 룰라 브라질 대통령의 장기 국가 비전
- 166   11. 지구 반대편에서도 파이팅 하는 코리아

Part 5   사람대접 받는 나라 캐나다

170   1. 미국과 같은 듯 다른 나라

173   2. 나라가 둘로 쪼개질 뻔했던 순간

175   3. 캐나다 원로 기자와의 추억

178   4. 토론토대학과 요크대학의 한국학 관련 프로그램 설치

180   5. 캐나다 최대 박물관에 '한국실' 설치

Part 6 강대국들도 국가 브랜드 관리를 중시하다

186 1. 미 국
189 2. 중 국
193 3. 독 일
195 4. 영 국
197 5. 일 본

Part 7 코리아, 넘버원이 되는 날까지 달리자

202 1. 바로 지금이다
204 2. 홍보의 두 기둥, 정책과 문화를 생각하자
207 3. 선택과 집중을 통한 맞춤형 홍보가 필요하다
210 4. 등잔 밑이 어둡다
213 5. 사람에게 감동을 주는 해외홍보
216 6. 동방예의지국, 우리의 경쟁력
219 7. 박세리와 비빔밥
223 8. 중국이 중요한 변수로 등장하다
227 9. Made in Korea로 승부한다

Part 1

미국은
여전히 세계 1등 국가

America

1. 균등한 기회의 나라, 미국 | 2. 소비의 나라 미국, 거지의 경고 | 3. 9.11 사태로 이성을 잃은 미국 | 4. 미국 정부도 언론 대책을 강구한다 | 5. 샌프란시스코 양대 명문대학의 한반도 영향력 | 6. 내셔널 지오그래픽 지도에 '동해/일본해' 병기 | 7. 햇볕정책과 한국전쟁

01

균등한 기회의 나라, 미국

팍스 아메리카나(Pax Americana) 시대는 아직 끝나지 않았다. 미국은 명실공히 세계 1등 국가다. 뿐만 아니라 미국(美國)은 이름 그대로 아름답고 사람이 살기 좋은 곳이다. 전 국토가 균형적으로 발전되어 있고 인프라가 완벽하게 갖추어져 있다. 그래서 미국 어느 도시를 방문해도, 어느 곳을 여행하더라도 편안하고 안전하다는 느낌을 받는다. 자연적인 조건만 좋은 것이 아니라 미국인들의 열린 마음과 관대함이 미국이라는 사회를 더욱 풍요롭게 하고, 살기 좋은 사회라는 인상을 준다. 그렇다면 미국은 어떻게 세계 최강국이 될 수 있었을까? 또 우리가 배워야할 것은 무엇일까?

미국사회의 가장 큰 강점은 합리성에 바탕을 둔 높은 생산성에 있다. 그리고 이러한 높은 생산성은 기회균등과 자유경쟁의 원리가 지켜지고 있기 때문에 가능한 것이다. 이런 미국을 이해하고 적응하는 이민자들은 성공을 하고, 그렇지 못하면 실패를 하게 되는 것이다. 또한 그러한 합리성의 바탕에는 원칙을 잘 지키는 철저한 준법정신이 깔려 있다.

　기회의 균등을 비롯한 미국 사회를 이루고 있는 이러한 법칙을 잘 설명 해주는 재미있는 사례가 있다. 캐나다도 마찬가지지만, 미국에서는 강이나 호수에서 허가증을 구입하면 합법적으로 낚시를 할 수 있다. 그러나 그물을 이용하든가 독극물을 풀어서 물고기를 잡는 경우는 불법으로 처벌된다. 똑같이 물고기를 잡는 것이지만, 방법에 따라 합법이 될 수도 있고 불법이 되기도 하는 것이다. 그 이유는 다음과 같다. 낚시는 물고기로 하여금 미끼를 통해 위험을 감수하고 미끼를 물거나, 유혹을 뿌리칠 기회를 물고기에게 주고 낚시꾼과 게임을 하는 형식이다. 그러나 그물을 치거나 독극물을 풀어서 물고기를 잡는 것은 물고기에게 선택의 기회를 주지 않고 일방적으로 당하게 하는, 즉 물고기 입장에서는 절대로 공정한 게임이 아니라는 것이다. 미국 정부는 미물인 물고기를 잡는 사소한 일에서 부터 페어플레이 룰을 적용하게 하여 국민들을 자연스럽게 계도를 하고 있는 것이다.

　매년 가을이면 수도인 워싱턴의 중심부, 국회의사당 앞 광장인 내셔널 몰(National Mall)에서 도서 축제가 크게 열린다. 이 축제는 미국 전역에 있는 출판사들이 참가하여 신간 도서를 소개하고 저자와의 대화 시간을 갖는 등 다양한 행사로 구성되어 있다. 자라나는 세대를 비롯한 전 국민이 책 읽기 운동을 벌이는 이 도서축제 행사에는 미국 전국 각지의 학생들이 모여들며, 이 행사를 후원하는 미국 대통령 부인도 함께 참여를 한다. 기계문명과 물질문명이 최고도에 이른

강국이 독서를 통해 인성을 키워간다는 점은 우리가 배울만한 아주 좋은 본보기가 된다. 우리 동포 자녀들이나 유학생들이 미국 대학에서 공부 할 때 가장 힘든 부분이 독서량이다. 특히 사회과학이나 로스쿨에서 법학을 공부하는 학생들이 더 그렇다. 다 같이 로스쿨을 졸업하여 변호사가 되더라도 이들이 미국인 변호사를 따라가지 못하는 것은 근본적으로 어릴적부터 독서량의 차이에서 온다고 한다. 이런 모습에서 미국사회의 원칙에 충실한 단면을 우리는 쉽게 발견할 수가 있다. 미국인들을 보면 우리가 보기에는 답답할 정도로 기본에 충실하다는 느낌을 자주 받는다. 가정에서 부모는 자녀들이 TV를 시청하거나 게임하는 시간을 철저히 통제한다. 학업에 지장을 준다는 우려도 있겠지만, 근본적인 이유는 자녀들의 인성 교육에 문제가 된다고 생각하기 때문이다. 미국의 IT 기술이 한국보다 뒤쳐져 있지 않을 텐데 우리보다 휴대 전화를 소지하거나 사용하는 빈도가 확실히 낮은 것도 이를 입증하는 사례일 것이다.

 미국의 학부모들은 오히려 현대문명이 발달할수록 자라나는 세대들의 독서 시간이 더 많아져야 한다고 미국 정부와 학부모들은 생각하고 있었다. 그렇기 때문에 기계 문명의 발달에 휩쓸려 가도록 아이들을 방치하지 않고 자신들의 교육 철학에 맞게 적절한 원칙 아래 아이들을 통제하고 있다. 이렇게 세상이 변해도 인성을 바탕으로 한 원칙을 지켜나가려는 미국인들의 태도에서 선진국의 숨은 면모와 우리가 배워가야 할 교훈을 발견하게 되는 것이다.

02

소비의 나라 미국, 거지의 경고

　　　　　　　　여기서는 앞에서 이야기한 것과는 반대로 미국이 가지고 있는 폐단을 살펴보고자 한다. 미국사회는 물질적으로 풍요롭다. 세계에서 생산되는 모든 물건들이 미국의 시장으로 들어온다. 미국의 소비 시장은 물건들로 넘쳐 나고, 가는 곳마다 쇼핑몰과 대형 유통 마켓이 즐비해서 일반 소비자들도 대형 유통 마켓에서 대량으로 물건을 구매한다. 코스트코(Costco)와 같은 대형마트나 미국의 대형 식료품점은 미국인들이 얼마나 많은 식료품을 소비하며 그 결과 비만으로 고생을 하고 있는지 한 눈에 확인할 수 있는 곳이다. 세계 기아 인구가 10억을 넘는 오늘날의 지구촌 상황을 미국인들이 모를 리 없건만 미국은 여전히 소비의 왕, 소비의 천국이다.

　마찬가지로 에너지 소비도 미국이 으뜸이다. 대도시에 있는 고층 빌딩은 근무시간이 끝난 밤에도 전깃불을 계속 켜 놓는다. 대도시의 야경은 아름답지만 그것을 위해 소비되는 전력량은 엄청날 것이다. 또한 미국은 세계에서 자동차가 가장 많은 나라다. 2007년 말 기준 미국의 자동차 대수는 2억 1천 3백만 대로 세계 자동차의 40% 정도가 미국 대륙을 달리고 있다. 그것도 대형차들이 많아 자동차로 인한 석유의 소비량은 세계에서 미국이 단연 제일일 것이다. 과연 미국인들이 살아가는데 적당한 수준으로 에너지와 식료품을 소비하고 있는지 의문을 갖게 된다. 그 어떤 나라도 세계 일등 국가라는 명목으로 풍요로움을 넘어 지구상의 자원을 낭비를 할 특권은 없다. 지구상에는 잘 살고 풍요로운 국가도 있지만 분명히 가난하여 굶주리는 사람도, 에너지난으로 경제 발전을 못하는 나라도 있기 때문이다.

반면 아이러니하게도 미국의 수도인 워싱턴 DC에 거지들이 있다. 주미 대사관 문화원에서는 매월 한 번 정도 문화 행사를 개최하여 약 200명 안팎의 미국인들과 우리 교민들이 참석을 한다. 그런 문화행사에는 다과와 간단한 음식을 차려 놓은 리셉션(Reception)이 있기 마련인데, 워싱턴 외교가 거주하는 미국의 거지들이 꼭 단골로 나타난다. 말쑥하게 차려입고 나타나는 그들을 일반 참석자들과 구분하기는 힘들다. 그들은 행사에는 전혀 관심이 없고 리셉션이 시작되면 제일 먼저 차려진 음식 앞으로 간다. 행사가 끝나기를 기다렸다가 남은 음식을 싸가기도 한다. 행사에 크게 지장을 주지 않기 때문에 출입을 제지하지는 않는다.

그런데 여기서 황당한 것은 행사 일정이 변경되는 경우에 그들이 불평을 늘어놓는다는 것이다. 다음 행사 때 나타나서 직원들에게 행사 일정을 함부로 바꾸지 말라고 경고하기도 한다. 아마 워싱턴 일대의 모든 대사관의 행사 일정을 파악하고 끼니를 때우는 그들의 일정에 차질이 생기기 때문일 것이다. 그렇게 극심한 낭비가 무색할 정도로 많은 미국 거지들의 모습을 보면서, 이것이 초강대국 미국의 이중적인 모습이자 세계의 양쪽 면을 대변하는 것 같아 씁쓸한 마음이 들었다.

03

9.11 사태로 이성을 잃은 미국

　　　　　　　　　　미국이 강대국으로서의 명성뿐만 아니라 국민들의 높은 애국심 또한 높게 유지할 수 있는 가장 큰 요인은 국가가 국민의 생명을 끝까지 지켜주는 데 있다고 본다. 전쟁터는 물론 해외의 크고 작은 사고에서 한 명의 국민, 한 명의 병사라도 끝까지 구해내고, 심지어 전쟁이 끝난 몇 십 년 후에라도 병사들의 유골이 조국의 품에 안기도록 노력하는 나라가 바로 미국이다.

　그렇게 미국은 자국민의 권리나 자국의 국토가 침해받는 것에는 절대로 관대하지 않은 나라인 것이다. 그런데 그러한 미국이 그들의 심장부인 뉴욕과 워싱턴에서 온 세계가 지켜보는 가운데 공격을 받았다. 110층에 이르는 세계무역센터(World Trade Center)의 쌍둥이 건물이 한 순간에 화염 속으로 폭삭 내려앉았고, 5천명 이상이 목숨을 잃었다. 미국인에게 2001년 9월 11일 발생한 9.11 테러는 미국인들의 자존심을 한 순간에 뭉개 버린 치욕적인 사건이었다.

지정학적으로도 미국은 바다를 사이에 두고 다른 대륙들로부터 멀리 떨어져 있어 전쟁의 위험에서 상대적으로 안전한 나라다. 때문에 미국은 먼 바다와 다른 대륙에 많은 군사력을 전진 배치하는 전략을 쓰고 있다. 미국 본토와는 멀리 떨어진 곳에서 전쟁을 해 가능한 한 본국에의 침략을 예방하는 전략을 구사하는 것이다. 막강한 군사력을 전 세계에 전진 배치시켜 동맹군과 함께 방위 전선을 구축하면 미국 본토는 안전할 것으로 믿었다. 그러나 그런 예상을 완전히 빗나가게 만든 9.11 사태로 전장의 개념이 바뀌게 되었고 종전에 있었던 전선이 허물어지게 되었다. 9.11 테러는 전선을 미국 심장부까지 끌고 들어오게 만든 것이다.

9.11 사태가 발생할 당시, 미국 정부는 보수 공화당의 조지 부시(George W. Bush)가 대통령이었다. 선과 악, 아군과 적군에 대한 구분이 분명한 부시 대통령이 9.11 사태와 같은 엄청난 국치의 사건을 그냥 넘어갈 리가 만무했다. 그는 이에 대한 보복으로 아프가니스탄 공격, 그에 이어 악의 축으로 지명한 이라크 공격으로 중동 전체를 전쟁의 도가니로 몰아넣었다. 뿐만 아니라 아프가니스탄 전쟁은 이미 미국이 개입한 전쟁 중 가장 오래 끌고 있는 전쟁으로 기록 될 만큼 미국의 보복은 쉽게 잠재워지지 않았다.

한편 이러한 전쟁에는 명분이 필요했는데, 초기에 미국 지도부는 이라크 침공의 명분을 후세인의 대량 살상 무기에서 찾았다. 그러나 증거가 될 대량 살상 무기가 나오지 않자 부시 행정부는 이라크 인들의 인권과 자유를 다시 전쟁의 명분으로 삼았다. 그러던 중 이라크 포로수용소에서 벌어진 미군들의 이라크 포로 학대 행위가 공개된 사진 몇 장은 이라크 인들은 물론 미국인들까지도 할 말을 잃게 만들었고, 미국 언론들은 일제히 당시 국방장관인 럼스펠드의 사임을 촉구하고 나섰다. 그러나 부시 대통령은 오히려 체니 부통령과 함께 미 국방부를 방문하여 럼스펠드 장관을 용감하고 일 잘하는 국방장관으로 치켜세우고 해임할 의사가 없다고 기자회견에서 밝혔다.

이러한 부시 대통령의 신임에도 불구하고, 수치스러운 모습의 장면들이 언론을 통해 연일 공개되자 미국 국민 중 일부는 지난날 월남전 패전의 기억을 되살렸다고 말했다. 미국이 유일하게 패전으로 인정하는 월남전의 악몽이 비인도적이고 처참했던 당시의 사진과 함께 교차되면서 살아난 것이다. 월남전의 대표적인 두 장의 사진을 꼽는다면, 한 장은 체포된 베트콩이 처형당하기 직전 겨냥하는 권총 총구에 얼굴을 찌푸린 모습의 사진과 나머지 한 장은 포화에 놀란 어린 여자아이가 벌거벗은 채 울면서 앞으로 달려오는 모습을 담은 사진이다. 미국 일반 국민들에게 이라크 교도소에서 찍은 포로 학대 사진은 패배한 전쟁인 월남전 당시 사진을 기억에서 되살림으로써 이라크 전쟁이 월남전의 재판이 될 수도 있다는 생각을 하게 만들었다. 하지만 이러한 심리적 압박에도 불구하고 부시 정부는 전쟁을 지속하였다. 시간이 흐를수록 월남전의 악몽과 더불어 미국 국민들은 끝이 보이지 않는 전쟁에 지쳐 힘들어 했고, 결국 이 전쟁은 정권이 공화당에서 민주당으로 넘어가는 계기를 마련하게 되었다.

한편 9.11 사태는 아프가니스탄과 이라크에서의 전쟁을 불렀을 뿐만 아니라 미국이 자국의 안보를 확보할 많은 조치들을 강구하도록 만들었다. 그 대표적인 예가 미 행정부 내에 국토안보부(Dept. of Homeland Security)가 신설된 것이다. 또한 미국의 공항과 항만의 출입 절차도 복잡해져 외국인들의 입국이 불편해졌다. 안전을 확보한다는 목적으로 방문한 외국인들의 지문을 채취하는 등 출입국 절차를 매우 까다롭게 바꾼 것이다.

2006년 미국 서부의 한 공항에서 미국 출입국 관리 요원들의 과잉반응을 경험했던 사례가 있다. 출국을 위한 공항 개찰구에 사람들이 여러 줄로 늘어서 있었는데, 필자는 별 생각 없이 그 중 동양인으로 보이는 10여명의 그룹 뒤로 서게 되었다. 잠시 후, 공항 안전원이 접근하더니 나를 포함해 동양인 그룹을 서있던 줄에서 떼어내어 다른 쪽 가장자리로 이동시키는 것이었다. 이동한 곳에는 별도의 라인이 설치되어 있고, 일반 통관 과정과 절차가 달랐다. 비행시간에 쫓겨 불안한 마음으로 기다리며 알게 된 사실은 공항에 새로 도입한 검사 장비를 테스트하기 위해 동양인들을 선택했다는 사실이었다. 내가 함께 줄을 섰던 동양인 그룹은 알고 보니 중국인들로, 지방에서 온 단체 여행객이었다. 이들은 모두가 영어를 구사하지 못해 영문도 모른 채, 남들보다 훨씬 복잡한 과정을 거치면서도 항의 한 번 제대로 못하고 검사대를 통과해야만 했다. 나를 비롯하여 한 사람 한 사람씩 꼼꼼하고 천천히 검사를 받는 과정은 한편으로는 불안하기도 하고 한편으로는 불쾌하기도 하였다.

더욱이 검사를 진행하는 공항 안전요원들의 태도는 한마디로 무례 그 자체였다. 중남미 이민자인 히스패닉계로 보이는 보안 요원들은 중국 관광객들에게 영어를 못한다고 핀잔을 주고, 필자의 노트북을 검사하면서 노트북을 사용할 줄 아느냐고 빈정거리는 등 무시하는 말투로 일관하였다. 비행시간을 겨우 맞추긴 했지만 검사하는 내내 분노를 참아야 했고, 그 과정에서 동양인으로서 겪었던 수모는 미국이 옛날의 미국이 아니라는 생각이 들었다.

  힘든 과정을 거쳐 공항을 통과한 후, 미국인들이 스스로 자랑스러워하는 애국심이 이성을 잃은 채 다른 나라 국민에 대한 모독으로 나타난다면 결국은 부메랑이 되어 자신들에게 다시 돌아갈 수도 있을 것이다. 물론 안보를 확보한다는 미국의 입장도 전혀 이해가 되지 않는 것은 아니지만 이러한 무지막지한 조치는 미국의 안전을 위협하는 또 다른 요인이 될 수 있을 것이다. 1980년대 초반 미국에서 유학 시절과 그후 1990년대 초 캐나다 공관 근무시절만 해도 가끔 들른 미국은 안전하고 평화스럽기 그지 없었다. 그러나 9.11 사태 이후 21세기를 접어들면서 미국은 더이상 관대함이나 여유를 보이기 보다는 배타적이고 강팍해졌다.

04

미국 정부도 언론 대책을 강구한다

미국은 수정헌법 제1조에 언론 출판의 자유가 명시되어 있고, 미국 건국의 아버지인 토머스 제퍼슨은 "언론 없는 정부보다 정부 없는 언론을 선택 하겠다"라고 말했을 정도로 미국은 언론의 자유가 보장된 나라다. 민주주의 국가에서 언론이 중요하지 않은 국가는 없겠지만 특히 미국은 언론을 미국 사회를 지탱하는 중요한 구성 요소라고 여긴다. 이러한 상황이다 보니 미국에서는 심지어 언론을 입법부, 사법부, 행정부에 이은 제4부라고 부르기도 한다.

막강한 미국의 언론과 정부는 매일 같이 정보와 여론의 흐름을 놓고 총성 없는 전쟁을 한다. 물론 미국 행정부의 대언론 정책 사령탑은 백악관이다. 백악관에는 대통령 공보 수석이 실무총책이고, 출입 기자들을 위한 브리핑 룸과 기자실이 운영되고 있다. 미국 대통령의 집무실이 위치한 백악관 웨스트 윙(West Wing) 입구 쪽에 시설은 낡았지만 70명 안팎이 착석 할 수 있는 브리핑 룸이 있고, 그 뒤쪽과 지하실로는 주요 통신사, 신문사 그리고 방송사들의 기자실이 별도로 갖추어져 있다. 백악관에 등록된 내외신 기자는 수천 명에 이르며, 이들 중 100명 내외의 기자들이 매일같이 백악관 브리핑에 참석하여 미국 국민들을 비롯한 전 세계인들의 알 권리를 충족시켜주고 있다. 백악관 외에 브리핑 룸과 기자실이 있는 주요부서는 국무부와 국방부다. 이 두 곳에서도 매일 기자들을 상대로 브리핑이 이루어진다.

미국의 기자실에는 서열이 있어 언론사 정보 제공에도 차별을 둔다. 백악관 브리핑 룸의 경우 앞에 좋은 자리는 좌석이 정해져 있어 오랜 시간 출입을 해 온 선임기자 순으로 배정된다. 중요한 정책을 발표할 때나 중요한 사건이 터졌을 때는 공보수석이나 대변인이 주요 언론사 소속 출입기자들 몇 명만 먼저 불러 발표할 내용이나 사안에 대해 미리 귀띔을 해주면서 언론의 반응을 본다. 백악관에서는 '개글(Gaggle)'이라고 부르는 이 반응을 참고로 하여 브리핑 때의 수위와 경중을 조절하기도 한다.

언론의 자유와 책임이 확실한 미국에서는 언론의 보도에 정부의 주요기관들이 관대하여 크게 관심을 두지 않을 것 같지만, 실상은 그 반대다. 대통령실인 백악관과 국무부와 국방부에서는 매일같이 주요 언론의 보도내용을 모니터링하여 보고하고 대책을 강구하는 등 언론과 씨름을 하고 있다. 공보관실 직원들은 보통 새벽 5시부터 출근하여 신문과 방송 등 언론 보도 내용을 모니터링하고 정리해서 장차관 등 주요 간부들이 출근하면 바로 볼 수 있도록 내부 인터넷망에 올려

놓는다.

 언론 대책을 위한 주요 부처 간 회의도 매일 이뤄진다. 우리나라처럼 문제가 발생했을 때 관련 부처를 참가시킨 언론 대책반을 가동하는 방식과는 전혀 다르게, 언론 대책 회의가 상시 운영되고 있다. 백악관 공보수석을 정점으로 국무부 대변인과 국방부 대변인은 매일 아침 9시를 전후하여 하루도 빼지 않고 컨퍼런스 콜(Conference Call) 형태의 회의를 한다. 전날 보도된 신문과 방송 모니터 내용을 바탕으로 당일의 대언론 홍보 전략을 논의한다. 미국의 국내외 문제에 대한 언론의 반응과 언론의 관심사항을 짚어 보고 그 날의 홍보 전략을 협의한다. 그리고 당일의 대통령 주요 일정과 정부 정책 발표 등을 고려해 하루의 아젠다(Agenda), 즉 안건이나 의사일정을 짜고 언론 브리핑 내용을 정하게 된다. 전 세계를 상대로 하는 복잡한 미국의 정책 발표가 큰 혼선이 없는 것은 이처럼 사전에 부서간의 조화로운 협의와 조율을 거친 언론 대책이 있기 때문이다.

05

샌프란시스코 양대 명문대학의 한반도 영향력

　　　　　　　샌프란시스코는 하루에도 사계절이 있다고 할 정도로 날씨가 변화무상한 도시다. 이른 아침에는 서쪽 태평양 바다에서 두꺼운 솜이불을 말아 올리듯 흰 구름이 샌프란시스코 반도를 낮게 뒤덮어 안개 속의 도시가 된다. 오전 10시경이면 태양 빛이 퍼지면서 싸늘하던 안개는 온데간데없이 사라진다. 그리고 정오부터 하늘에서 작열하는 태양과 바다에서 불어오는 시원한 바람이 어우러져 사람의 마음을 흔들어 놓는다. 아름다운 금문교의 모습도 구름안개가 어떻게 조화를 부리느냐에 따라 여러 가지 자태를 보인다.

　　샌프란시스코는 미국 내에서도 살기 좋은 도시로 유명해서 부유한 사람과 유명 인사들이 많이 살고 있으며, 동시에 게이(Gay)와 거지들이 많은 것으로도 유명하다. 살기 좋은 도시에는 좋은 교육기관도 있기 마련이다. 샌프란시스코 인근에는 우리에게 매우 친숙한 명문대인 버클리대학(University of California, Berkeley)과 스탠포드대학(Stanford University)이 있다.

버클리대학은 주립대학이고 스탠포드대학은 사립대학이다. 버클리대학은 70년대 유행한 히피문화의 발상지라 할 정도로 학교 분위기가 자유분방하고, 진보적인 성향의 대학이다. 반면, 스탠포드대학은 부유한 미국 기득권층의 자제들이 많이 다니는 보수성향의 대학으로 볼 수 있다. 미국 서부 지역에 위치한 두 명문대학은 한국의 유학생도 많고 한국과의 관계도 밀접한 대학들이다.

버클리대학에는 우리에게 너무나 잘 알려진 세계적인 정치학자 스칼라피노(Robert Scalapino) 교수가 40년 이상을 재직하고 있다. 스칼라피노 교수는 북한을 여섯 번이나 방문한 바 있을 정도로 한반도 문제와 동아시아 문제에 세계적인 권위가 있는 석학이다. 한국을 포함한 아시아 지역정세와 국가들의 대외정책에도 많은 영향력을 미친 학자다. 그의 80번째 생일 파티에서 후배 학자들이 노교수에게 80세에도 정정한 젊음의 비결을 묻자, 그는 비행기를 많이 타면 늙지 않는다는 농담을 할 정도로 동아시아를 위시한 세계를 무대로 활발한 활동을 펼쳤던 학자다. 최근에 그는 90세를 기념하여 '신 동방견문록'을 출판했을 정도다.

그런가하면 스탠포드대학은 공화당 레이건 행정부 시절 국무장관을 지낸 조지 슐츠(George Schultz)와 클린턴 행정부 시절 국방장관을 지낸 윌리암 페리(William Perry), 그리고 조지 부시 행정부 시절 백악관 안보담당 보좌관과 그 후 국무장관을 지낸 콘돌리자 라이스(Condoleezza Rice)가 몸담고 있었던 대학이기도 하다. 스탠포드대학에는 아시아퍼시픽연구센터와 보수 성향의 후버연구소 등이 한국을 비롯한 동아시아 국가들과 밀접한 관계를 유지해 오고 있다.

과거 미국의 민주당 정권인 카터와 클린턴 정부 당시 미국과 북한의 관계에 긴장감이 완화되어 일시적으로나마 해빙(解氷) 무드가 조성될 때 북한 대표단들은 본 회담을 전후하여 버클리대학을 방문하여 학자들과 접촉하고 비공개 학술 행사를 가졌던 것으로 알려져 있다. 미국의 보수 행정부나 진보 행정부 할 것 없이 이들 양대 명문대학은 직간접적으로 한반도 안보 문제를 위시한 동아시아 외교안보정책 수행에 있어서 무시하지 못할 영향력을 미쳐 왔다. 이러한 점을 감안할 때 앞으로 우리나라의 외교안보 당국은 남북한 관계에 있어서는 미국의 양대 명문대학을 우리들의 조력자로서 잘 활용할 수 있는 방안을 미리 마련해 두는 것도 좋을 것이다.

06

내셔날 지오그래픽 지도에 '동해 / 일본해' 병기

한국전 정전협정 체결 50주년이 되는 해였다. 어느 날, 세계적인 지도 제작사인 내셔날 지오그래픽 사(National Geographic Society)의 지도제작 책임자인 데이비드 밀러(David Miller)와 직원 2명이 한국 지도에 대한 자문을 받기 위해 워싱턴 주미 한국 대사관 홍보실로 찾아 왔다. 내셔날 지오그래픽 사는 월간잡지에 그 달의 이슈가 되는 국가나 지역의 지도를 제작하여 부록으로 끼워 출간하는데, 정전협정 체결 50주년에 즈음해서 2003년에 발간될 7월호 내셔날 지오그래픽 잡지 부록으로 한반도 지도와 한국전 당시 상황도를 싣기 위해 방문한 것이었다.

그 자리에서 지도의 초안을 함께 검토한 후, 정확한 자문을 위해 지도 초안 한 부를 대사관 무관을 통해 국내의 우리 국방부와 관련 부서에 내용확인을 요청하고, 한편으로 필자는 이번 기회를 이용하여 내셔날 지오그래픽에서 발간하는 한반도 지도에 동해의 표기를 바로 잡기로 했다. 동해 표기를 바로 잡기위한 작업은 오래 전부터 전개되었지만 그 때까지만 해도 미국 정부나 민간 출판사가 제작한 지도의 상당 부분이 동해를 일본해로 표기한 상태였고, 이미 일본해(Sea of Japan)로 표기된 지도들을 동해(East Sea) 또는 동해/일본해로 병기하도록 바꾸기란 참으로 쉽지 않았다.

지도는 정부가 발행하는 지도와 민간 출판사가 제작하는 지도로 크게 대별할 수가 있다. 미국의 경우, 지도 제작과 관련된 정부기관으로는 미 연방정부 기구로서 미국지명위원회(United States Board on Geographic Names, BGN)가 있어 미 CIA, 국방부, 국무부, 내무부, 의회도서관 등이 구성원으로 참여하여 미국 국내 지도뿐만 아니라 세계의 지명과 바다의 명칭을 정한다. 민간의 경우 내셔날 지오그래픽 등 세계적인 출판사 또는 교과서 출판사 등이 지도 제작자들로, 그동안 우리의 오류 시정 요청을 그나마 들어 주는 곳 또한 민간 출판사와 언론사들이었다. 반면, 미국의 정부 기관인 BGN은 동해 표기나 독도 표기에 대해 한국 정부 요청에 대해 현재까지도 상당히 보수적인 입장을 취해오고 있다.

더욱이 20세기에 접어들면서 한국이 일본의 국력에 크게 밀리면서 세계 각국이 제작한 지도는 동해가 아닌 일본해로 표기된 것이 대다수다. 이런 많은 지도들을 한꺼번에 바꾸기란 쉽지가 않다. 동해 표기 시정작업을 위한 한국 정부의 방향은 기존에 일본해로 표기된 것을 동해 표기로 바꾸는 것이 최선책이고, 그렇지 않으면 동해와 일본해를 병기라도 하도록 하는 것이었다. 그리고 지명과 바다의 명칭과 관련 된 국제기구인 국제수로기구(International Hydrographic Organization, IHO)나 유엔지명위원회(UN Groups of Experts on Geographic Names, UNGEGN)에서도 지명에 관해 분쟁이 있는 명칭은 병기하는 것을 원칙으로 권고하고 있기 때문에 우리는 동해/일본해 병기를 1차 목표로 삼았다.

따라서 내셔날 지오그래픽 지도 제작팀에게 한국 지도 제작에 관해 자문을 하면서 이 부분에 욕심이 생겼고 한반도 지도에서 동해로 단독 표기해 줄 것을 주장했다. 그러나 역시 일본을 의식해 난처한 입장을 보이면서, 종전에 일본해로만 표기해오던 제작 방침을 바꿔 동해와 일본해를 병기해 주겠다고 했다. 단, 병기를 하되 한반도 지도에서는 동해를 먼저 표기(East Sea/Sea of Japan)하고 일본 지도에서는 일본해를 먼저 표기(Sea of Japan/East Sea)하겠다는 것이었다. 세계 각국에서 교육용으로도 많이 사용되는 세계적인 잡지 내셔날 지오그래픽이 발간하는 한반도 지도에 동해와 일본해 병기가 시작된 것이다. 이후 다른 일로 방문했던 워싱턴 내셔날 지오그래픽 본사 입구에 있는 대형 지도에 동해가 병기되어 있는 것을 확인 할 수 있었다.

그 후로도 동해 표기 시정을 위한 노력의 결과는 여러 군데에서 나타났다. 외국 언론들이 보도 게재하는 한반도 주변 지도나 민간 출판사에서 제작하는 지도 등에서 동해 단독 표기 또는 동해/일본해 병기를 하는 일련의 성과를 거둔 것이다. 그러나 얻는 게 있으면 잃는 것도 있는 것일까. 분쟁이 있는 지역의 명칭은 병기하는 것을 원칙으로 하고 있어, 한국이 동해 또는 동해 병기 표기를 위해 캠페인을 벌인 것은 바꿔 말해 동해 바다를 명칭에 분쟁이 있는 지역으로 만든 셈이다. 적어도 동해와 일본해를 병기하는 데는 성공을 거두었지만 일본이 터무니없이 독도를 자국 영토라고 주장함으로서, 독도가 영주권 분쟁 지역처럼 국제사회에 알려 놓은 셈이다. 앞으로도 일본은 수시로 독도를 영주권 분쟁지역으로 국제사회에 떠들어 될 것으로 보인다.

07

햇볕 정책과 한국전쟁

6.25 한국전을 냉전의 산물로만 치부하여 그 동안 미국의 도움을 평가절하 하는 사람들이 있다. 그러나 한국전의 원인과 평가는 차치하고라도 한국전에서 약 4만 5천여 명의 미국 군인들이 사망하였고, 약 9만 2천여 명이 상이용사가 되었다. 그래서 한미관계를 소위 '혈맹관계' 라 이야기한다. 전쟁 이후에도 미국은 한국의 전후복구사업과 경제 발전과정에 지구상 어느 나라보다 많은 도움을 주었다. 그렇기 때문에 미국이 없었더라면 오늘의 한국은 없었을 것이라는 가설도 무리는 아닌 것 같다.

그런데 이러한 한국이 어느 날 한미동맹관계를 재정립하고, 적군으로 여겨왔던 북한에 대해 유화정책으로 나가겠다는 정책을 내놓았을 때, 미국이 당혹스럽고 실망스러운 느낌을 가질 것이라는 것은 어느 정도 예견된 일이었다. 이미 언론에서 많이 보도되었지만 '국민의 정부' 김대중 전 대통령이 취임 후 첫 미국 방문을 했을 때, 미국 부시 대통령은 우리 정부의 대북정책에 대해 상당히 불편한 심기를 드러냈다. 당시 김대중 전 대통령의 국민의 정부와 그 후 노무현 전 대통령의 참여정부 기간 동안 미국의 조야에서는 한국 정부의 대북 햇볕정책에 대한 불만이 컸었다.

  미국에는 한국전에 참전한 미군 총 178만 명 중 상당수가 아직도 생존해 있다. 한국전이 이들에게는 아직 기억에서 사라진 전쟁이 아니다. 이들의 한국에 대한 관심과 애정은 각별해서 지역사회에서 지속적으로 활동하면서 한국인들과 우리 교민사회에 기여를 하고 있다. 그러나 국민의 정부와 참여정부 10년 동안은 그간 실시해 오던 한국 방문사업에도 정부 지원이 중단되는 사태가 발생했다. 다행히 보수 정권으로 넘어오면서 참전용사들을 초청하는 프로그램을 되살리는 등 이들의 희생을 다시금 기리고 있다. 한국의 국력이 커지고 국제적인 위상이 달라짐에 따라 우리의 대외정책도 당연히 변화해야 한다. 그러나 옛 친구를 버리고 새 친구를 사귀기보다는 옛 친구를 두고 새 친구를 사귀는 지혜가 필요하다. 피를 흘리면서 우리를 지켜준 은인인 옛 친구를 소홀하게 대하는 것은 개인이나 국가 모두가 삼가야 할 일이다.

Part 2

떠오르는 신흥강국
중국을 만나다

china

1. 설레는 마음으로 중국 부임 | 2. 북경 올림픽 성화는 중화민족주의의 부활을 알리는 봉화 | 3. 중국의 놀라운 변화들 | 4. 서커스와 중국인의 국민성 | 5. 북경의 봄은 정치의 계절 | 6. 대국굴기(大國崛起) 준비하는 중국 공산당 회의 | 7. 중국의 딜레마 | 8. '보이지 않는 손'과 '빅 브라더'가 공존하는 사회 | 9. 중국식 민주주의 제도 | 10. 중국 언론은 아직 관제 언론 수준 | 11. 소수민족의 문제와 동북공정 | 12. 4억 명의 중국 네티즌이 몰려온다 | 13. 남북한을 바라보는 중국의 시각 | 14. 대장금과 한류의 재 점화 | 15. 혐한(嫌韓)정서, 어디서부터 잘못된 것인가? | 16. '동감한국(動感韓國)' 행사의 경험 | 17. 반한 감정 해소를 위하여 | 18. 중국 경제, 이젠 내륙지방으로 눈 돌릴 때 | 19. 중국을 본격적으로 연구할 시기가 도래했다

01

설레는 마음으로 중국 부임

중국 전문가는 아니지만 평소에 중국 근무를 마지막으로 해외 근무를 마감했으면 하는 바람이 있었기 때문에 브라질에서 1년 만에 북경으로의 근무지 이동이 싫지만은 않았다. 이동이 결정되자 당시 대사관에서는 가능하면 빨리 부임하라는 요청이 있었다. 본인 또한 중국 홍보관 자리가 한시라도 시간을 비우기 힘들다는 상황을 잘 알고 있었기에 서둘러 중국으로 부임하기로 했다. 보통 해외에서 해외로 이전하는 경우, 인천 공항에서 비행기를 갈아타기 전 하루 이틀 정도는 서울에 머물면서 업무적인 일이나 개인적인 사무를 보고 가는 것이 관행처럼 되어 있었다. 그러나 중국 부임을 앞두고는 그런 여유가 생기질 않아서 브라질에서 장시간 날아와 인천 공항에 도착하자마자 곧바로 북경행 비행기로 갈아탔다.

2007년 2월 부임 당시 북경의 기후는 북경 올림픽을 거친 지금의 날씨와는 딴판이었다. 보통 1주일에 며칠은 앞을 내다 볼 수 없을 정도로 스모그와 황사로 뿌연 하늘이었다. 정말 이런 곳에서 수천 년 동안 어떻게 사람들이 살아왔는가 하는 의심이 들 정도였다. 대사관에서 가까운 찡청따샤(京城大廈) 30층의 방을 임시 숙소로 잡았다. 다른 지역에서도 그렇듯이 북경에 도착해서도 며칠은 정신없이 지냈다.

그러다 첫 주말이 되었는데 밖에 나가기도 불안해서 숙소에 머물며 실내를 둘러보고 창문 커튼을 제치고 밖을 내다보게 되었다. 그 때의 모습은 지금까지도 큰 충격으로 남아있는데 창밖으로 분명히 보여야 할 인근의 건물, 지상의 도로, 주택들이 거의 보이지 않아 마치 구름 속에 떠 있는 것 같은 착각이 들 정도였다. 창문을 열면 환기가 되기 보다 바깥의 흙먼지가 들어올 것 같았다. 그리고 곧 침대에도 온통 흰색 가루로 덮혀 있는 것을 발견했다. 겨울 내내 틀어놓은 가습기에서 나온 석회가루가 눈이 온 것 같이 집안을 덮고 있었던 것이다.

2007년 당시 주중한국대사관은 휴일이 없었다. 불안하고 초조한 날들의 연속이었다. 홍보관 일이라는 것이 어디서나 항상 발품을 많이 팔면서 늘 바쁜 나날을 보내기는 하지만, 중국의 경우는 특히 탈북자 문제를 위시한 북한과 관련한 문제 등 돌발 상황이 자주 일어나는 곳이라 잠시도 긴장의 끈을 늦출 수 없었다. 그렇게 특수한 업무 환경에서 공관장도 주말과 공휴일 없이 항상 근무태세를 유지했었다. 시작부터 만만치 않은 근무여건이었지만 강대국으로 부상하는 과정에 있는 중국의 모습을 현장에서 목격하고 학습한 것이 국가적으로나 개인적으로도 큰 보람이었다.

02

북경 올림픽 성화는 중화민족주의의 부활을 알리는 봉화

2008년 8월 8일 오후 8시에 개막한 북경 올림픽은 중국인들의 100년의 꿈이 실현되는 순간이었다. 하지만 그 중요한 순간에 그들은 큰 실수를 했다. 초청만찬에서 중국 지도부가 과거 어느 올림픽에서도 볼 수 없었던 진풍경을 연출한 것이다. 북경 올림픽을 기해 중국은 체제 홍보를 위해 세계 각국의 원수들을 대거 초청했다. 우리나라의 이명박 대통령과 부시 미국 대통령을 비롯하여 역대 올림픽 중 가장 많은 국가원수들이 부부 동반으로 참석했다. 그런데 개막식 하루 전날, 중국 지도부는 인민대회당에서 개최된 환영만찬에서 참석한 외국 국가 원수들을 일렬로 줄 세우고 몇 십 분씩 서서 기다리면서 만찬 호스트인 후진타오 중국 국가 주석과 인사를 교환하도록 한 것이다. 외교적으로 엄청난 결례를 범하는 중국 지도부의 행동을 지켜보면서 각국의 원수들이 과연 무슨 생각을 했을까.

과거 왕조시대 중국 황제가 주변 변방 국가들의 사신을 맞이하는 모습을 연상했을 것이다.

그 뿐만이 아니었다. 올림픽 개막식은 8월 8일 새둥지를 닮은 주경기장인 냐오차오에서 있었다. 그런데 개막식에 참석한 사람 중 일반 관람객은 안전을 이유로 3시간 전부터 입장을 해서 무더위 속에서 기다리게 했다. 그리고 초청된 외국 국가 원수들 역시 지정된 구역의 일반 관람석 의자에 앉아서 관람하게 했다. 8월의 찜통더위에 국가 원수들이 연신 부채질을 하면서 땀을 닦는 모습이 TV를 통해 방영되었다. 이런 상황에서 중국의 주석을 위시한 정치국 상무위원 등 국가지도자들은 앞 열에 별도로 마련된 테이블에 나란히 앉아 편안하게 관람을 한 것이다. 나중에 나온 이야기지만 그들은 테이블 아래 별도의 에어컨까지 틀어놓고 관람을 했다는 사실이 알려졌다. 조지 부시 등 일부 외국의 국가원수들은 참기 힘든 더위 때문에 화장실을 들락거리는 모습이 간혹 목격되기도 했는데, 그 이유는 화장실에는 에어컨이 있었기 때문이라고 한다.

북경 올림픽을 다시 되돌아보면 중국 공산당을 중심으로 한 중국 지도부는 북경 올림픽이 1949년 신중국 건설 이후 가장 심혈을 기울여 온 행사인 만큼 자신들이 가진 최대한의 국력을 투입했다. 그러다 보니 중국 정부는 상당히 예민해지기도 했는데, 티베트와 신장 위구르를 중심으로 한 소수민족의 폭동, 그리고 악명 높은 북경의 공해와 날씨, 오염된 물과 식품 등으로 인해 중국의 이미지가 손상될 것을 매우 우려했다. 그 중에서도 무엇보다 중요하게 생각한 것은 안전이었다. 그렇기 때문에 개막식을 얼마 남겨놓지 않고서는 모든 국가 역량을 안전한 올림픽 모드를 치르는 것에 집중했다. 그 결과 축제 분위기여야 할 올림픽이 공안의 철저한 통제로 인해 상당한 불편함을 동반하기도 했다. 일부 경기장에는 안전을 우려한 나머지 입장권의 일부를 공안 요원들이 확보하는 경우도 있었다고 한다.

어려움도 많았지만 북경 올림픽은 결과적으로 성공리에 막을 내렸다. 중국은 문화적 저력과 경제력을 바탕으로 대국으로서의 힘을 유감없이 발휘했다. 〈중국청년보〉총 편집장은 사석에서 북경 올림픽의 효과로 세 가지를 꼽았다. 그 첫 번째는 언론의 자유가 다소나마 확대되었다는 것이다. 특히 외신들의 취재가 올림픽 전보다 훨씬 자유로워졌다. 둘째로는 중국 경제에 직접적인 영향은 아닐 수 있지만, 올림픽으로 인해 환경 친화적인 인식을 많이 하게 되었다는 것을 꼽았다. 마지막으로 국민 의식 수준이 많이 향상되었다고 하였다. 특히 청결 문제를 위시한 공중도덕의식이 향상되었다고 한다. 북경 올림픽 이후 북경의 거리는 몰라보게 깨끗해졌다. 도로의 간판이 붉은글씨 일색에서 세련되게 바뀌었고, 왕래하는 중국인들의 복장도 검정색에서 다양한 색상으로 변했다. 개인적으로 북경 올림픽을 전후로 한 가장 큰 변화를 꼽자면 북경의 날씨라고 이야기하고 싶다. 올림픽 이후 북경의 날씨는 놀라울 정도로 청명해졌다. 처음 중국에 도착했을 때 필자를 괴롭히던 악명 높았던 북경 날씨는 이젠 옛말이 된 것이다.

결론적으로 중국이 올림픽을 통해서 얻고자 했던 가장 큰 효과는 무엇일까? 앞서 말한 3가지도 있겠지만, 중국 지도부로서는 북경 올림픽을 통해 그들이 꿈꾸는 중화민족주의 부활을 중국 국민들과 세계만방에 보여 주려고 했을 것이다. 나아가 국민적 자긍심을 바탕으로 국민통합을 이뤄, 분리 독립 움직임과 소수민족 문제를 약화시키려는 의도도 깔려 있었을 것이다. 중국 지도부는 자신들의 목적인 중화민족의 부활을 대내외적으로 알릴 수 있다면 외국 국가원수를 초청해놓고 그 정도의 외교적 결례를 범하는 것은 중국 중심의 세계로 가는 과정에서 겪어야 할 통과의례 정도로 생각했을지도 모르겠다.

03

중국의 놀라운 변화들

　　　　　　　　중국의 놀라운 변화들을 우리 국민들은 잘 모르고 있는 것 같다. 우리가 인식하든 안하든 중국은 빠른 속도로 커가고 있다. 우리나라 사람들이 중국을 잘 알고 있는 것 같지만 실상은 그렇지 않다. 이는 중국의 변화에 대한 현상과 이에대한 우리의 인식에 큰 차이가 있기 때문이다. 또한 중국에 대한 우리나라 사람들의 인식이 세대에 따라서도 다르기 때문이기도 하다.

　70대에서 80대사이의 연령대라면 중국의 마지막 왕조, 청나라 말기의 아편전쟁과 중일 전쟁의 패배 등에서 보인 허약하고 병든 중국을 기억하고 있을 것이다. 그 후 혼란기를 거치면서 공산혁명을 성공시킨, 모택동이 이끄는 공산주의 중국을 중공(中共)으로 부르면서 6.25전쟁에 참전해 우리와 총부리를 겨누고 인해전술로 다시 한반도를 분단 상태로 갈라놓은 우리의 적성국으로 인식하는 세대들이 바로 이들이다.

40대에서 50대는 공산주의 체제하에서도 등소평이라는 지도자의 등장으로 시장 경제를 도입하고 개혁, 개방하면서 급속히 성장하고 발전하는 중국을 기억할 것이다. 더욱이 그 과정에서 값싼 임금에다 노사분쟁이 없는 한국의 많은 기업들이 진출한 생산현장이자, 나아가 싸구려 제품과 가짜 상품이 판치는 비위생적인 나라로 인식하고 있을 것이다.

반면, 인터넷 세대라고 할 수 있는 20대에서 30대는 개혁, 개방 이후 상해, 심천 등 중국 연안 도시들의 발전상과 북경 올림픽, 상해 엑스포 개최 등으로 세계무대에 우뚝 선 중국을 보면서 중국이 과연 공산국가인가 할 정도로 변화된 중국의 이미지를 인식하고 있을 것이다. 한편 세계 최대 외환 보유국으로서, 국제무대에서 미국과 맞서는 G2 위치에 오른 중국을 경계해야 할 존재로 인식하고 있을지도 모르겠다.

얼마 전까지만 해도 우리나라를 '역동적인 나라, 다이나믹 코리아'라고 부르곤 했다. 그러나 이제는 중국이 '다이나믹 차이나(Dynamic China)'다. 중국은 대도시나 중소도시 어딜 가나 공사가 한창이다. 중국 기준에서 지방의 작은 도시라 할지라도 고층빌딩이 즐비하고 도심에는 현대적 인프라를 갖추고 있다. 거대한 중국이 도처에서 리모델링 중이라고 보면 된다. 이미 중국에는 우리나라 서울에 비견될 대도시가 10여개가 존재한다고 해도 틀리지 않을 것이다.

가장 놀라운 것으로, 북경이나 상해 등 대도시의 고급 아파트 지하 주차장에 주차되어있는 자동차를 보면 중국의 경제력을 실감하게 된다. 그 곳은 세계 최고급 자동차 전시장을 방불케 한다. 세계 유수 자동차 메이커들이 중국을 주 타깃 시장으로 삼고 있다는 말이 빈말이 아닌 것 같다. 중국인들은 현금 선호 사상이 높고, 씀씀이가 크다. 우리나라 역시 중국 관광객들의 방문 숫자가 점차 늘어나고 있는데다 이들의 씀씀이도 커서, 이미 일본 관광객의 소비 수준을 초과하였다. 이런 중국의 놀라운 변화들은 곧 세계 경제의 물줄기가 바뀐다는 것을 의미한다. 이러한 급격한 환경 변화에 우리는 어떻게 대처해야 할 것인지 중국과 어떤 관계를 만들어나가야 할지 심각하게 고민해 보아야 할 것이다.

04

서커스와 중국인의 국민성

　　　　　　　　　　우리와 중국은 같은 동양 유교문화권으로 문화적인 공통분모가 다른 나라들보다 많아서 문화적 갈등이나 마찰은 적은 편이다. 생김새나 전체적인 외양으로 봐도 중국인들은 우리와 큰 차이가 없어 보인다. 그러나 외형만 같을 뿐이지 사고나 행동양식은 우리와 많은 차이를 보인다. 중국은 지역이 광활하고 문화가 전혀 다른 민족들이 국경을 마주하고 있는 다민족 국가다. 때문에 중국은 긴 역사를 통해 많은 타민족의 문화를 수용하고 발전시켜 오늘의 한민족(漢民族) 문화를 만들어 왔다.

　중국인이 축성한 불가사의한 만리장성이나 새들도 둥지를 짓기 힘든 산꼭대기나 벼랑 끝에 아슬아슬하게 매달려있는 사찰들의 모습을 보면 이성적으로는 그 심리를 이해하기 힘들다. 자동차 운전을 하는 중국인들은 차선을 잘 지키지 않고, 차선을 걸쳐 다닌다. 또 신호등을 기다리다 파란 불로 바뀌면 직진하는 차보다 좌회전하는 차가 먼저 돌고, 그 뒤에 다른 차들이 꼬리를 물고 좌회전하는 바람에 직진 차량이 기다려야하는 상황이 발생하기도 한다. 이것이 중국인 나름대로의 질서이다. 이러한 중국식 질서에는 관대함과 용서가 요구된다. 그것이 가능한 것은 그 정도 위반이나 결례는 누구나 항상 저지르고 있기 때문이다.

언론에서도 자주 보도되었듯이 중국인들은 아무런 죄의식 없이 가짜 물건을 만들어 시중에 내다 판다. 인체에 유해한 식용재료도 가짜를 만들어 유통시키는 경우가 비일비재하다. 심지어 가짜 계란까지 대량 생산하여 유통시킨 사례가 있었는가 하면, 시중에 판매되는 마시는 물도 대부분 가짜로 알려져 있다.

이는 중국이 가짜를 양산하는 이유를 합리화 하려는 논리가 내제되어 있기 때문이다. 인구가 워낙 많으니 가짜라도 많이 생산하여 공급하는 것이 부족한 것보다는 낫다는 것이다. 때문에 이제는 가짜도 그들의 문화로 자리를 잡아가고 있어 이를 '산자이(山寨; 산적들의 소굴) 문화'라고 부르는데 가짜·짝통 물건은 자동차, 휴대전화 등의 공산품에서부터 먹는 음식에 이르기까지 없는 게 없을 정도다. 최근 들어서는 소위 가짜 명품이 시장에서 버젓이 유통되고 있다. 북경과 같은 대도시는 물론이고 지방 어느 도시에서나 루이뷔통 가방을 든 여자들을 흔히 목격 할 수가 있다.

중국인들의 이러한 국민성을 이해하는 데는 중국의 서커스 관람이 많은 도움을 준다. 중국인들만 서커스를 하는 것은 아니지만 특별히 중국 서커스는 인간이 도저히 감당할 수 없을 것 같은 한계상황을 많이 연출한다. 좁은 통 속에 많은 사람들을 구겨 넣는다든가, 한 사람이 접시 수십 개를 한꺼번에 돌리는 모습은 일반적인 인간으로는 생각하기도 힘든 일이다. 중국에는 전국적으로 유년기 시절부터 철저히 훈련시키는 유명 서커스 전문학교가 많이 있다. 지난 북경 올림픽 개막식 공연과 성화 점화에서도 서커스를 응용한 모습들이 많이 연출되기도 했다. 중국인들의 문화를 키우는 토양에는 서커스가 큰 몫을 하고 있는 것 같다. 중국의 서커스 문화에서도 잘 읽을 수 있듯이 중국 사람들에게는 해서 안 되는 일도, 불가능도 없다는 인식이 깔려 있는 듯 하다.

05

북경의 봄은 정치의 계절

중국을 머물던 당시, 3월 중순인데도 봄은 아직도 멀리 있는 듯 했다. 거리를 지나는 사람들의 두툼한 검정 외투 일색인 복장이 더욱 그런 느낌을 주었다. 안개인지 공해인지 구분하기조차 어려운 희뿌연 대기층이 하늘을 덮고 있어 좀처럼 해를 보기가 어려웠고, 황사가 본격적으로 오지 않았다고 하는데도 창밖의 시계(視界)는 몇 백 미터를 넘지 않았다. 5천년 문명을 자랑하는 중국인들이 늘 이런 하늘 아래서 살아 온 것인지, 아니면 시장경제로의 체제 전환 이후 산업화하는 과정에서의 부산물인지 자못 궁금했다.

중국에서 매년 3월은 정치의 계절이다. 우리나라의 국회격인 전국인민대표자대회(全國人民代表大會, 줄여서 전인대)와 정치자문기구인 전국인민정치협상회의(全國人民政治協商會意, 줄여서 정협)가 북경에서 2주간 거의 동시에 열린다. 전국 각지에서 온 13억 인구의 대표자들이 참가하여 국정을 논의하는 자리다. 총리가 그 해 행정부의 사업계획에 대해 공작보고서(工作報告書)로 설명하고, 이를 토대로 각 이해집단간의 협상과 조정이 이뤄지고 중요한 사안은 법안으로 처리된다.

최근 몇 년간 전인대와 정협, 즉 중국 양회(兩會)에서의 화두는 민생(民生)과 조화사회 건설이다. 여기서 중국 또한 급속한 성장발전에 따른 지역 간, 계층 간 소득격차가 큰 문제로 대두되고 있다는 사실을 알 수가 있다. 원자바오 총리는 전인대(全人大) 폐막 연설에서 "경주 할 때는 빨리 가는 배가 아니라 맨 나중에 가는 배가 기준이 되어야 한다"라고 역설했듯이, 급속한 경제성장 과정에서 나타나는 소외계층과 저소득층에 대한 정책적 고려를 강조하고 있다. 정치의 계절인 봄에 열리는 전인대가 중국의 가난한 서민들의 살림살이에도 봄을 가져다 줄 것인지 귀추가 주목된다.

06

대국굴기(大國堀起) 준비하는 중국 공산당 회의

대국굴기는 큰 나라로 우뚝 선다는 의미다. 2006년 11월 동명(同名)의 다큐멘터리가 중국 중앙방송의 경제채널에서 황금시간대에 방영되어 많은 인기를 끌기도 했다. 실로 중국은 급속한 경제발전과 함께 세계 최강국의 길로 가고 있는 듯하며 그 중심에는 전국대표대회가 있다. 중국공산당을 이끌어나가는 가장 큰 통치 시스템이 전국대표대회(全國代表大會, 줄여서 전대)인 것이다.

전대(全大)는 5년마다 개최되는데 제 17차 전대가 2008년 10월 15일부터 북경 인민대회당에서 개최되었다. 공산당 일당(一黨)이 지배하는 중국의 정치 현실과 최근 급상승하는 중국의 국력으로 볼 때 향후 5년, 10년의 중국 미래를 예측할 수 있다는 점에서 제 17차 전대는 중국이 세계의 중심으로 우뚝 설 준비를 하는 중요한 정치행사였다.

이해를 돕기 위해 전대에 대해서 좀 더 소개하자면 1921년 상하이에서 제1차 대회를 가진 이후 거의 5년마다 개최 되고 있는 공산당 전대는 중국의 국가 진로를 수정하고 보완해 왔다. 전대는 당의 규율을 개정하고 공산당 중앙위원회 및 중앙기율검사위원회 정원을 조정하고 선출한다. 전대가 무엇보다 중요한 것은 5년간 중국을 이끌고 갈 중앙정치국 상무위원을 선출하는 자리라는 것이다. 국가주석을 포함한 9명 내외의 정치국 상무위원이 영도자(領導者)로 불릴 만큼 중국의 정치, 경제, 사회, 문화, 외교, 군사 등 모든 분야에 걸쳐 국가 대사(大事)를 논의하고 결정해 나간다. 따라서 중앙정치국 상무위원이 누가 되느냐는 전국대표회의 기간 동안 가장 큰 관심사이기도 하다.

지난번 17차 전대에서는 5년 후면 물러날 후진타오의 후계자에 대한 윤곽이 드러났다. 후진타오 주석과 원자바오 총리의 세대를 이어 앞으로 중국을 이끌어 갈 차세대 지도자로 꼽히는 시진핑(習近平) 부주석은 법학 박사이고, 리커창(李克强) 부총리는 경제학 박사 학위 소지자다. 이들 혁명 5세대인 리커창 부총리는 후진타오 주석의 권력 기반인 공산주의청년단 소속이고, 시진핑 부주석은 원로들 자제 모임인 태자당 출신이다. 결국 이들은 중국 공산당 내 양대 계파를 대표하는 차세대 지도자인 셈이다. 이들은 50대 중반의 혁명 5세대로 현재의 지도자들보다 훨씬 젊은 세대들이다. 젊은 세대라는 점 이외에도 지금까지 중국의 지도자들과 달리 이공계 출신이 아닌 인문사회학을 전공한 엘리트들이라는 점이 특징이다.

중국의 국가 주석은 전국대표회의에서 집권 기간 청사진이라 할 수 있는 정치보고서를 내놓는다. 그리고 전대 기간 중 보고서 내용이 토론에 붙여지고 토론을 거친 보고서는 당장(黨章)에 포함된다. 17차 전대에서 보고한 후진타오 주석의 정치보고서에는 주석의 향후 5년간 통치 이념과 철학, 정책 방향 등이 제시되었다. 후진타오 주석은 이미 공산당 중앙당교 강화(講話)에서 4가지 주요 정책 방향을 제시한 바 있다. 사상해방, 개혁개방, 과학적 발전관, 전면적 소강사회 건설(小康: 어느 정도 먹고 사는)이 그것이다. 그 중에서도 17차 전대에서 가장 관심을 끌었던 것은 합리적이고 과학적인 사고에 바탕을 둔 정책 결정을 강조한 과학적 발전관이었다.

집권 2기의 후진타오 주석은 새로운 통치의 기조로 내놓은 과학적 발전관은 중국의 발전 전략이 지금까지 양적인 성장위주였다면, 앞으로는 질적인 성장 정책을 펼쳐 나가겠다는 발전 전략의 전환을 의미한다. 또한 이는 지속가능한 성장을 추구하겠다는 의미이기도 하다. 개혁 개방을 통해 경제성장을 지속적으로 해 나가면서 한편으로는 그간 소홀했던 분배 문제, 환경 문제, 균형 발전에 역점을 두겠다는 조화사회 건설에 대한 정책적 의지를 표명하고 있는 것이다. 과학적 발전관은 공산당 역사상 등소평의 개혁 개방정책으로 인한 성장 위주의 정책 노선, 즉 선(先) 성장 후(後) 분배를 통해 이제는 성장과 분배의 균형을 조화시켜 발전하겠다는 국가건설 기조의 새로운 패러다임이 만들어졌다. 큰 나라로 우뚝 서기 위해서 이제 중국도 다른 강대국들이 걸어간 길을 하나씩 밟아나가고 있는 것이다.

07

중국의 딜레마

　　　　　　　상인(商人)이라는 어원이 중국의 고대 상(商)나라 사람이라는 데서 나온 것에서도 알 수 있듯이 중국인들은 상인의 기질이 많은 민족이다. 자본주의 시장경제체제가 쉽게 뿌리를 내릴 수 있는 토양인 상인의 유전인자가 있는 것이다. 그리고 자본주의의 작동 원리인 인간의 이기심 또한 어느 민족 못지않게 많다. 사회주의 중국이 개혁 개방하면서 시장경제체제로 접어든지 30년 남짓이지만 급속한 경제발전을 할 수 있었던 것도 이러한 중국인들의 친(親) 시장경제적인 상인 체질도 한 몫을 했다고 볼 수 있다.

　중국은 지난 30년간 등소평의 선부론(先富論)에 의한 개혁개방 정책으로 연간 11%대의 괄목할 만한 경제적 성장을 이루었다. 하지만 그런 성장발전의 이면에 지역 간, 계층 간 빈부격차가 파생되었고, 이는 통치자들에게 현실적인 문제로 대두되었다. 시장경제가 심화될 수록 중국 내에서 이러한 갈등은 점점 더 많이 노출되고 있다. 중국의 기본체제는 어디까지나 사회주의인데, 평등으로 대표되는 사회주의의 기본 이념이 점점 심해져가는 빈부격차와 마찰을 빚고 있는 것이다.

또하나 중국사회의 문제점은 부정부패다. 중국이 오랫동안 공산당 1당 독재 체제로 유지되어 온 탓에 정부의 정책 집행의 근간이 되는 법령이 세세하게 제정되어 있지 못한 것이 사실이다. 특히 계획경제를 근간으로 하는 사회주의 경제체제에서 경제 관련 법령들이 국내기업이나 외자기업이 투자를 하고 기업 활동을 하기 쉽도록 시장경제체제에 맞게 정비되어 있을 리가 없다. 그런 상황에서는 자연히 공무원들의 재량의 범위가 넓고 공무원들의 권한이 클 수 밖에 없다. 따라서 그 결과 부정부패의 소지도 많은 것이다.

하지만 아직까지는 중앙집권적인 강력한 통솔력과 일사불란한 행정의 효율성이 작동하고 있어 초기단계에 있는 계층 간, 도농 간 갈등 부정부패의 문제들을 덮고 갈 수가 있다. 또한 후진타오 주석의 '조화사회 건설'이 잘 실현되면 중국특색의 민주주의인 공산당 중심의 체제가 당분간 유지될 것으로 보인다. 그러나 경제가 발전하여 사람들이 먹고 살만 할수록, 자유 민주주의에 대한 인민들의 욕망은 커지게 마련이다. 따라서 이러한 딜레마는 앞으로도 지속될 수밖에 없을 것이고, 중국 지도부의 가장 큰 고민도 바로 여기에 있는 것이다.

08

'보이지 않는 손'과 '빅 브라더'가 공존하는 사회

최근 들어 국제 질서에 가장 큰 변수로 등장한 것이 중국이다. 중국은 이미 군사적으로나 경제적으로 미국 다음으로 영향력이 막강한 존재로 자리매김하고 있다. 세계 어디서나 메이드인 차이나가 넘쳐나고, 싫든 좋든 중국제품을 사용하지 않고는 살아갈 수 없는 시대가 왔다. 그렇게 수출로 벌어들인 넘쳐나는 달러로 중국은 세계 곳곳을 돌며 자원 확보에 총력을 기울이며 점점 더 강성한 나라로 거듭나고 있다.

21세기인 현재에도 중국은 공산당 1당이 장기 집권을 하는 공산주의 국가지만 등소평의 1978년 개혁개방 정책 이후, 중국은 경제 부문은 시장경제 체제를 도입하여 중국 특유의 사회주의와 시장경제를 혼합한 소위 '중국특색의 사회주의 체제'를 건설하여왔다. 등소평의 경제정책기조는 "검은 고양이든 흰 고양이든 쥐만 잘 잡으면 된다"는 소위 '흑묘백묘(黑描白描)론'을 통해서 명백히 알 수 있다. 어쨌든 그 후 중국 경제는 세계를 놀라게 할 정도로 급속히 성장하고 있다. 골드만삭스가 예측한 2050년 세계경제의 주역이 될 4개국인 브릭스 (BRICs) 중 중국은 나머지인 브라질, 러시아, 인도보다도 가장 먼저 세계경제 대국이 될 것이 확실하다. 아이러니 하게도 사회주의 국가인 중국이 자유무역과 시장경제의 덕을 톡톡히 보고 있는 것이다.

그러나 중국은 경제 외적인 정치, 사회, 문화 분야는 아직도 강력한 중앙집권적인 체제하에서 움직이고 있다. 공산당을 중심으로 당정군(黨政軍)의 일사불란한 리더십이 거대한 국토와 55개 민족으로 구성된 13억 인구를 통치하고 있다. 중국의 지도자들은 중국이 아직도 사회주의 초기단계라고 규정하고, 현재의 노선이 10년 후, 100년 후를 견지해야 한다고 주장하고 있다. 또한 이러한 중국식 사회주의 하에서 민주주의와 법치(法治)를 이룰 수 있다고 강조하고 있다.

이렇게 시장경제 체제를 도입했음에도 불구하고, 중국은 공산당에서 모든 주요 정책을 결정한다. 중앙행정부와 지방행정 단위의 기관에서는 당에서 결정한 사항을 집행할 뿐이다. 모든 의사결정 구조가 탑다운(Top Down)식이고, 정보는 계급과 직책에 따라 철저히 통제된다. 특히 중국에서는 국가통치를 위한 지도층의 정보가 모두 비밀로 되어 있다. 중국지도자들의 건강 상태까지도 물론 비밀사항이다. 그런 비밀 중에서도 최고지도자만 알아야하는 비밀, 장관급이 알아야 하는 비밀, 차관급, 국장급, 과장급이 알아야 하는 비밀의 수준이 단계별로 모두 다르다. 하급자는 상급자의 비밀을 모를 뿐만 아니라, 알려고 하지도 않는다. 설사 알게 되더라도 절대 누설하지 않는다.

중국의 급속한 경제발전을 보면서 우리는 중국의 시스템이 세계적인 기준에 이르렀을 것이라는 착각에 빠지기 쉽지만 이러한 면들을 보면 현실은 전혀 그렇지 못하다는 것을 알 수 있다.

예를 하나 들어보면 가령 우리나라가 자국의 문화 홍보 행사를 한다고 했을 때, 중국은 먼저 최고 정점에 자리한 중국공산당 선전부(宣傳部)가 업무를 일체 조정 통제한다. 중국에서 어떤 행사를 하려면 중국 측 카운터파트가 선정되어야 하고 그 카운터파트는 정부기관 또는 정부 산하기관으로 결국은 모두 중국공산당의 휘하에 있는 것이다. 또한 그 밑에 국내외 홍보업무를 담당하는 국무원 신문판공실, 문화부, 우리의 방송위원회에 해당하는 광전총국, 신문출판총서 등이 있고, 이를 통해 사전에 검열과 허가를 받아야 가능하다. 최종적으로 공산당 선전부가 중국의 가치와 문화에 유해한 요인이 없다고 판단했을 때만 가능하다는 결정을 내린다.

이런 독특한 의사결정체계에서도 알 수 있듯이 중국 행정부는 효율성이 높은 반면 민주성은 낮다. 중국 행정부에 혁신의 바람이 일고 있기는 하지만 아직 중국에는 정치집단인 야당도, 자발적 시민단체인 NGO도 없다. 언론의 비판 감시 기능도 약하다. 때문에 이러한 정치행정 문화에서 추진하는 개혁의 정도는 제한적일 수밖에 없다. 따라서 중국 정부의 혁신이라는 것도 정부 내의 효율성 제고에 머물고 있는 정도에 불과하다.

현재 중국 지도자들 입장에서는 13억 인구를 먹이고 입히는 것이 당면한 문제임에 틀림이 없다. 그로인해 사회주의 중국이 자본주의식 시장경제를 도입하였고, 사회주의 시장경제를 통해 경제성장과 발전 면에서는 큰 성과를 거두고 있다. 그러나 광활한 국토와 55개 소수민족으로 구성된 거대 중국을 단일국가로 통치하기 위해서는 중앙집권적인 강력한 지휘체계를 갖지 않을 수 없는 측면도 있다. 따라서 경제는 자유 시장경제, 정치는 일당(一黨)의 중앙집권적이라는 이중적인 구조가 어쩌면 현재 중국이 취할 수 있는 최선의 선택일지도 모른다. 다시 말해 중국은 아이러니 하게도 경제에는 '보이지 않는 손'과 정치에는 '빅 브라더'가 공존하는 독특한 시스템을 가지고 있는 나라인 것이다.

09

중국식 민주주의 제도

중국은 1949년 공산당이 내전에서 승리를 하면서 신중국(新中國)을 건설한 이후 오늘에 이르기까지 공산당원이라는 엘리트 그룹이 거대 중국을 이끌어 오고 있다. 중국은 이들이 정치, 행정, 사법, 군사 등 모든 국가기능을 통솔하며 운영하고 있다. 중국의 공산당원은 현재 약 7천3백만 명으로, 중국 인구 20명당 한명 꼴이다. 그 중 대졸 이상의 학력 소지자가 31.1%, 여성이 19.9%다. 직업 분포는 농민이 2천3백만으로 가장 많고, 군 및 기술 관료가 2천1백만 명, 노동자가 약 8백만 명이다. 즉, 국가 최고지도자에서부터 말단 공무원에 이르기까지 공산주의자들이 거의 일을 도맡아 하고 있다고 보면 된다. 최근 일부 지방 성장(省長) 몇 사람과 중앙 부서 기관장 몇 명이 비 공산주의자들이라는 이례적인 통계가 있을 뿐이다.

중국 국무원 신문판공실은 2008년 11월 〈중국 정당정치제도〉라는 제목으로 백서(白書)를 발간했다. 이 백서에 의하면 중국은 1949년 공산당이 집권한 이후 공산당 영도 하에 여타 8개 정당들이 민주적인 타협과 협상으로 오늘의 중국을 민주적으로 건설해오고 있다는 것이다. 백서의 서문에서 정당 정치는 현대 민주정치에 있어서 매우 중요한 요소이기는 하나 그 나라가 처한 사회발전 정도 등 제반 상황에 따라 다르게 나타난다고 설명하고 있다. 즉 "중국의 정당 정치는 다당협력체제(Multi-party Cooperation System)로서 서방의 다당경쟁체제(Multi-party Competition System)와 양당제 또는 일당독재와는 다르다"고 규정하고 있으며 이는 "60년간 중국을 이끌어 온 불가피하고(Inevitable), 혁신적이며(Innovative), 우수한(Superior) 정치 체제"라고 주장한다.

중국이 일당독재가 아니라고 주장하는 근거는 중국에 공산당 이외에 8개의 정당이 존재하기 때문이다. 중국 헌법에 의하면 "중국은 공산당의 영도 하에 다당협력체제를 유지하고, 이에 기반하여 정치협상이 이뤄지고 발전되어야 한다"고 규정되어 있다. 중국의 정당 중에서 절대적인 우위를 점하고 있는 정당은 역시 집권당인 중국공산당(Communist Party China; CPC)이다. 그 외 중국국민당혁명위원회, 중국민주연합, 범중국민주건설연합당, 중국민주촉진연합, 중국노동자근로자민주당 등 8개의 군소정당들이 있다.

중국의 이해 집단 간의 협상과 타협의 정치 활동은 매년 3월에 개최되는 전국인민정치협상회의(정협)에서 이뤄진다. 앞서 다루었던 전대와 함께 양회(兩會)라 불리는 정협에서는 약 1주일간의 일정으로 공산당의 영도 하에 여타 8개 정당 대표자들이 한 곳에 모여 갈등을 조정하고 협상을 하는 과정을 거친다. 백서는 이를 중국적 특색에 기초하여 사회주의를 발전시켜 나가는 정치과정이라고 설명한다.

이와 관련하여 중국 공산당의 정치협상 역사를 살펴보면, 중국 국민들이 국부(國父)라 부르며 존경하는 손문(孫文)의 1911년 신해혁명으로 거슬러 올라가야 한다. 1840년 청나라가 망하면서 봉건주의 종식과 더불어 치욕적인 외세 침입으로 존망(存亡)의 위기에 있던 중국과 중국 인민들을 구하기 위해 손문은 서구의 민주제도인 부르주아 민주혁명을 선언하게 된다. 이는 수백 년 내려 온 권위적인 왕조 시스템에 종말을 고하고 인민이 주인이 되는 민주주의적인 절차를 도입한 정치협상의 개시를 의미한다.

정치협상회의의 특징은 공산당이 선도적이고 지도적인 위치에 있다는 것이다. 이는 모택동을 중심으로 한 공산당의 혁명 성공과 그 후 오랜 기간 공산주의 이념에 따른 개혁 과정에 의해 형성된 당연한 결과물이다. 백서에서는 특히 중국이 아직 개발도상국가로서 핵심적인 리더십이 필요하고, 그 핵심적인 리더십은 바로 공산당이 가지고 있다는 것을 거론한다. 다만 8개 여타 정당은 국가적 중요과제에 대한 참여와 심의가 보장된다. 어쨌든 공산당을 비롯한 중국 지도부에 따르면 중국식 민주주의 제도라는 것은 조화와 협력을 바탕으로 여타 8개 정당들과 때로는 힘을 합치고, 때로는 서로서로 감독하기도 하며 중국특색의 사회주의를 건설하며 중국의 발전을 꾀하고 있는 것이다.

10

중국 언론은 아직 관제 언론 수준

중국의 언론 환경은 독특하다. 중국 최대의 신문인 인민일보와 광명일보는 공산당 기관지다. 그리고 세계 최대를 자랑하는 신화통신과 CCTV는 국무원 산하기관이며, 중국 전역에 신문과 방송이 각각 1,900여개씩 존재한다. 그러나 대부분의 언론이 공산당과 정부의 기관지에 해당한다. 즉, 서방 선진국이나 우리나라와 같은 독립적인 언론 매체는 거의 없다. 상황이 이렇다보니 진정한 의미에서 언론의 자유가 보장된다고 보기는 어렵다. 이러한 여건은 학계도 마찬가지이다. 대학과 각종 연구소들이 모두 국립으로 운영되고 있어, 학자들의 논문도 언론에 게재하거나 학술회의에서 발표하기 위해서는 공산당의 검열을 받아야 한다. 때문에 학술분야에도 제한적으로만 언론의 자유가 보장되고 있는 상황이다.

중국 언론에 종사하는 중국 기자들 또한 서방 세계 기자들과 많이 다르다. 중국 체제의 특성상 언론매체가 모두 당(黨)과 정부 기관지다. 그러다 보니 기자들은 당원이나 공무원 신분에 준한다. 그래서 언론의 비판 기능은 별로 없고, 사실 전달을 주된 기능으로 하고 있다. 그것도 당이나 정부에서 필요한 것만 전달한다. 또한 국제 뉴스도 중국의 체제나 정책을 비판하는 기사는 거의 없다. 외신 보도 중 중국의 체제 유지에 도움을 줄만한 기사만 골라서 인용 보도하거나, 다른 나라 국내 매체가 보도한 기사 중 유리한 기사만 골라서 보도하는 경향이 농후하다.

중국 중앙방송인 CCTV의 경우 총 30분 뉴스시간 중 15분간을 할애하여 중국 지도자들의 국내외 활동상을 서열 순서대로 자세히 보도한다. 우리의 저녁 9시 뉴스에 해당하는 CCTV 저녁 7시 종합뉴스 신원롄바오(新聞聯報)는 중국 인민 13억을 대상으로 전국 동시에 방송된다. 중국의 그 광활한 국토 동쪽 끝에서 서쪽 끝까지 시차가 없는 단일 시간대의 지역인 것처럼 전국 방방곡곡에 북경 시간을 기준으로 저녁 7시에 실시간 방송이 이루어진다는 것은 중국의 언론이 얼마나 관제 언론인가하는 것을 알 수 있게 하는 하나의 단적인 예시다.

극단적으로 이야기하자면 중국 언론은 체제를 유지하기 위한 철저한 선전 도구다. 그래서 인민일보나 CCTV와 같은 메이저 매체들의 머리기사는 한결같이 국가주석, 총리 등 당 정치국 상무위원들과 관련된 것들이다. 중국의 대표적인 공산당 기관지인 인민일보의 경우 총 24면 중 1면에서 3면까지는 거의 주석 및 정치국 상무위원들의 활동상을 기사로 다루고 있다. 외국의 국가원수가 방문을 해도 국빈방문의 경우에 한해서만 1면 하단 2단 크기의 사진과 짤막한 기사가 실릴 뿐이다. 그 외 외국 원수의 방문 기사가 1면에 실리는 경우는 없다. 인민일보는 신문에 중국 내의 외국 대사 인터뷰가 게재된 적이 없다는 것을 오히려 아주 자랑스럽게 이야기하는 수준이다. 최근에 창간되고 있는 일부 상업적인 매체인 도시보(都市報)를 제외하고 대부분의 매체들은 중국 기관 통신인 신화사 기사를 인용하여 보도하고 있으며, 당이나 정부의 발표나 선전을 위한 기사가 뉴스의 주류를 이룬다.

그나마 가뭄에 콩 나듯 보도되는 해외 뉴스는 국내 여론의 필요에 의해서 취사선택된 것이다. 우리에게도 익숙한 인민일보 자매지 환구시보(環球時報)는 제호 그대로 국제 뉴스 전문 매체다. 한중관계에서 크고 작은 갈등과 마찰이 발생하면 환구시보가 앞장서서 중국의 입장을 지지하고 한국을 공격한다. 그것도 아주 교묘한 방법으로 한국 언론에서 보도된 부정적인 기사만을 골라서 인용 게재한다든가, 특약기자를 통해 자국의 구미에 맞는 얘기를 해 줄 한국 인사들을 인용해서 보도한다. 특히 북경 올림픽을 전후해 한중간 젊은 네티즌들의 반한(反韓), 반중(反中) 정서가 한창일 때 환구시보는 중국의 국익에 선봉장 역할을 했다. 환구시보 편집장을 가끔 만나 보도 성향이나 방향에 대해 협의를 하면 그 때마다 한국 언론은 왜 중국에 대해 나쁜 기사만 쓰고, 게재하느냐며 적반하장 식으로 늘 화를 내곤 했다. 중국이 진정한 세계 초강대국의 면모로 거듭나기 위해서는 이런 편파적이고 왜곡된 언론도 변해야 할 것이라고 생각한다. 중국도 소득 수준이 향상되고 국민의식 수준이 높아지면서 언론의 자유에 대한 욕구가 생겨나고 있다. 그리고 젊은 네티즌들의 인터넷 문화가 더이상 현재의 중국 언론에 만족하지 않을 것이다. 그래서 중국 지도층이나 언론관련 정부기관에서는 앞으로 닥칠 중국의 언론정책에 대해 고민하고 연구를 하고 있다. 그 연구 대상 중에 한국의 언론 상황도 그들에게 많은 시사점을 주고 있는 것으로 알고 있다. 그러나 가까운 장래에 중국이 갑작스런 언론 자유를 획기적으로 보장하는 등의 방향전환은 없을 것 같다.

11

소수민족의 문제와 동북공정

중국에는 총 55개 민족이 함께 살고 있다. 그 중에서 한족(漢族)이 절대 다수를 이루고 있지만 54개의 소수민족 문제가 중국으로서는 중요 현안이다. 현대 문명사회의 특징인 통신 수단의 발달이 소수민족과 외부세계의 접촉을 빈번하게 만들고 많은 정보를 얻도록 한다. 더욱이 급속한 경제성장으로 인해 물질문명의 혜택이 골고루 돌아가지 않은 상황에서 소수민족들에게는 상대적 박탈감이 누적되고 있다. 2009년 신장 위구르 폭동 사태 역시 발단의 원인은 한족과의 민족 갈등이었다. 티베트 분리 독립 운동은 이미 국제사회의 핫 이슈로 되어 있으며, 2008년 북경 올림픽 이후 간헐적으로 표출되는 신장 위구르 폭동 사태는 현재 중국 지도부의 큰 골칫거리다. 54개 소수민족이 모두 문제가 되는 것은 아니다. 소수민족에 따라서는 이미 그 정체성을 잃고 상당히 중국화 된 민족도 있다. 공식적이지는 않지만 중국 정부가 가장 골치아파하는 소수민족과 지역은 티베트, 신장 위구르 그리고 동북지역의 조선족이라고 한다. 중국 국토를 중심에서 보면 지역적으로 동북쪽과 서북쪽 변방에 위치하고 있어, 지정학적으로도 분리 독립할 가능성이 높은 민족들이다.

그런데 조선족의 경우 몇 년 전부터 동북 3성에 거주해오던 조선족들이 자발적으로 이 지역을 떠나 뿔뿔이 흩어지는 현상이 일어나고 있다. 1990년대 초 한중 수교 이후 중국의 동부 연안을 따라 한국 기업들이 진출하였고, 이들 지역을 중심으로 한국인들이 많이 거주하게 되었다. 조선족들이 이런 한국 기업에 취업하기도 하고, 한국인들의 생활과 관련한 각종 서비스업에 종사하면서 자연스럽게 고향인 만주 일대를 떠나 중국 전역으로 분산되는 국내 이민 현상이 발생한 것이다. 이렇게 자연스럽게 흩어진 조선족들은 한족사회에 동화되는 결과를 낳아, 소수민족 문제로 골머리 아픈 중국 정부에게는 희소식이 되었다. 연변 조선족 자치주가 조선족의 타 지역 이주로 인해 자치주로서의 존립에 위기를 맞고 있을 정도다.

중국 중앙정부는 경제가 발전하면서 수반되는 각종 사회적 비용을 줄여 나가기도 급급하지만, 소수민족의 통합 문제에 많은 연구와 투자를 하고 있다. 얼마 전까지만 해도 한중관계에서 중요한 외교적 이슈였던 동북공정(東北工程)도 결국 한반도가 통일되었을 때 거론될 수 있는 만주 일대의 조선족 문제에 대해 중국 정부가 사전에 대책을 세운 것이다. 외교적으로는 동북공정 문제가 수면 아래로 내려갔지만, 실제 동북 3성에는 중국이 취할 조치들을 상당 부분 이미 진전시켜놓은 상태이다.

12

4억 명의 중국 네티즌이 몰려온다

2010년 중국 네티즌은 이미 4억 명을 넘어섰다. 이들은 대부분 1970년대에서 80년대에 출생한 중국의 신세대들이다. 중국이 청나라 말기 아편전쟁과 함께 서방 열강들로부터 외침을 받아 온 역사를 학교나 사회에서 배우며 자랐다. 이들은 기성세대들과는 달리 중국의 개혁개방 이후 경제 발전의 혜택으로 물질적인 풍요로움 속에서 자라왔으며 최근 중국이 미국과 대등한 위치의 G2국가로서 선정되는 자부심까지 가지게 된 세대들이다.

이들의 의식 속에 있는 중국은 외침과 가난에 허덕이며 병든 과거의 중국이 아닌, 동북아뿐만 아니라 세계무대에서 최강국인 미국과 겨룰만한 강대국이다. 이들의 한국에 대한 지식은 냉전시대에 적대적이었던 한중관계와 그 연장선에서 6.25전쟁-중국에서는 항미원조전쟁(抗美援助戰爭)이라 부름-에 참여한 것이 중요하게 기억된다.

또한 그 후 미국식 자본주의로 급속히 발전한 동쪽의 작은 인접국가 정도로 우리를 인식하고 있다.

한국이 세계 제일의 IT 강국임은 틀림없다. 그러나 중국이 그 뒤를 바짝 쫓아오고 있다. 이제 중국도 정부기관이나 어느 단체 할 것 없이 모두 인터넷 사이트를 운영하고 있다. 우리나라에도 정부 공식 사이트가 있듯이, 중국 정부도 우리와 유사한 해외 홍보용 공식 사이트를 국무원 신문판공실 산하에서 운영하고 있다. 특히 이 사이트에 종사하는 인력이 약 500명이나 된다는 사실이 우리에게는 천문학적인 숫자로 느껴지지만 중국에서는 이정도는 크게 놀랄 일도 아닌 것이 다른 대부분의 인터넷 사이트들이 그 이상의 규모로 운영되고 있기 때문이다.

본래 인구가 많기도 하지만 중국 정부가 인터넷을 얼마나 중요하게 여기는지 알 수 있는 사례이다. 더군다나 중국의 일반적인 인터넷 인구는 우리와 비교할 수 없을 정도로 많다. 4억 명의 네티즌이 컴퓨터 앞에 앉아서 인터넷을 쓰고 있는 것은 또 다른 인해전술로 인식해야 한다. 중국 네티즌들이 한중간의 미묘한 사안에 대해서 즉각적인 반응을 보일 태세를 갖추고 있다는 것을 우리나라 당국의 관계자들과 네티즌들이 충분히 인지하고 있어야할 것이다.

13

남북한을 바라보는 중국의 시각

중국의 지도자들은 기본적으로 주변국들의 안정을 바란다. 중국은 아직 냉전체제가 유지되고 있는 한반도를 위험한 지역으로 보고 있다. 특히, 경제발전을 통해 강성 대국으로 커가는 중국으로서는 한반도의 긴장 고조를 절대 바라지 않는다. 중국의 동북아 정책기조는 그들이 화평굴기(和平堀起)로 표현하는 평화와 안정이고, 대 한반도 정책은 현상유지(Status Qua)라고 볼 수 있다. 따라서 북한의 핵실험이나 장거리 미사일 개발로 인해 주변국과 미국의 긴장감이 조성되는 것을 원치 않는 것이다. 중국은 중북(中北) 관계가 아무리 혈맹이라고 해도 바로 코 밑에 있는 북한이 핵무기를 갖는 것 자체가 위협요인이라고 생각하며 나아가 한국, 일본, 대만으로의 핵이 확산되는 것을 극히 경계하고 있다.

또한 중국의 대 한반도 정책 결정은 미국의 대외정책이 결정적인 변인이 된다. 천안함 사태 이후, 중국이 한미양국의 군사훈련에까지 신경을 곤두세우고 관여를 하는 것이 이를 입증한다. 중국 입장에서 한국은 경제적으로 훌륭한 파트너임에는 틀림없다. 앞으로 한중 FTA가 체결되면 더더욱 그럴 것이다. 반면 이념적으로나 군사적으로는 북한에 더 가깝다. 강대국, 특히 미국의 세력 확장에 북한이 동맹국으로서 완충적인 역할을 충실히 하기 때문이다.

최근 서해에서 발생한 남북한 군사 충돌 사태에서 중국 지도부의 속내를 읽을 수가 있다. 북한이 2010. 11. 23 서해 연평도를 기습 공격하고 우리 군이 대응에 나서자 중국으로서는 상당히 놀라고 당황스러웠을 것으로 짐작된다. 천안함 사태와는 달리 북한의 연평도 해안포 공격은 상황이 달랐다. 북한의 선제공격이 명명백백했고, 한국군과 주민이 사망하는 준전쟁(準戰爭) 상황으로 만약 한국이 대규모 응징에 나설 경우 한반도에서 전면전 발발의 가능성이 아주 높은 위기일발의 상황이었다. 그래서 중국 지도부는 평소 매사 신중한 반응을 보이는 것과는 달리 부총리급인 다이빙궈(戴秉國) 외교안보 담당 국무위원을 한국으로 급파해 우리나라 대통령을 예방하고, 이어서 북한으로 달려가 김정일을 만나는 발 빠른 외교행보를 보인 것이다. 한반도에서 누구에 의하든 전쟁은 달갑지 않은 것이다. 지금 중국 지도부는 향후 상당 기간 한반도에서 전쟁없이 조용히 있어 주길 바랄 것이다. 그래야만 중국이 시간을 벌면서 대국으로 우뚝 설 수 있기 때문이다.

따라서 중국의 입장에서는 현 상태를 유지하면서 남북한이 현재와 같이 분단 상태로 존속되는 것이 최선이다. 당분간은 한반도의 평화

유지가 절대적으로 필요한 것이다. 그렇기 때문에 중국은 한반도가 통일되기 전까지 늘 경계를 늦추지 않고, 남북한을 항상 저울질하면서 전쟁을 억제하고 국익을 도모할 것이다. 이는 중국 지도자의 행동이나 언론 보도를 살펴보면 한반도를 바라보는 중국의 시각이 잘 드러나는데, 남북한 문제에 대해 극도로 신중하며, 균형 있게 다루려고 노력하는 모습이 그러한 것을 뒷받침 해준다.

14

대장금과 한류의 재 점화

　　　　　　　　　유구한 역사와 전통, 광활한 영토, 그리고 다양한 소수민족으로 구성된 중국은 드라마 소재가 무궁무진한 나라다. 그럼에도 불구하고 중국은 한때 한국 드라마에 매료되었다. 그 영향으로 드라마 외의 영화, 음악, 음식 등에도 한류 바람이 불었고 그로 인해 한국과 한국 상품에 대한 이미지가 크게 상승했다. 중국인들이 좋아하는 한국 드라마는 주로 전통적이고 가부장적인 소재를 다룬 작품들이다. 중국 드라마보다 더 유교적이고 전통적인 우리 드라마의 내용에 중국인들, 특히 중장년층들이 매료되었다.

　유교의 발상지는 중국이며, 우리의 전통문화 역시 그 원류인 중국에서 흘러들어와 꽃을 피웠다. 그러나 중국은 공산주의 통치와 문화대혁명을 거치면서 유교문화를 위시한 전통문화가 많이 소멸되었다. 이러한 중국인들에게 한국 드라마는 그들에게 전통문화에 대한 향수를 불러일으키고 희열을 주기에 충분했다. 중국 시청자들은 자신들의 것으로 여겼던 전통적인 사상과 가치, 가부장적인 가족문화를 한국 드라마에서 느낄 수 있었던 것이다.

특히 우리 드라마 '대장금(大長今)'은 큰 인기를 누려 중국 사람들 중 안 본 사람이 없을 정도로 유명해졌다. 대장금이 한국 음식의 대명사가 되어 중국 도처에서 대장금이라는 상호를 가진 한국 식당이 운영되고 있다. 대장금에 나오는 주인공들의 인기 또한 중국의 여느 연예인보다 높았다. 한 편의 드라마로 전통 한국음식과 한국 여자들의 미모를 중국인들에게 홍보한 가장 영향력 있었던 문화 상품이었다. 당시 중국의 일부 관리들 중에는 훌륭한 소재가 많은데도 대장금과 같은 인기 드라마를 만들지 못하는 중국 연예계를 질타하기도 했다고 한다.

2008년 1월 중국 공산주의청년단에서 발간하는 영향력 있는 일간지 중국청년보(中國靑年報)는 중국 드라마 50편의 인기도에 대한 인터넷 여론조사를 상당기간 실시했다. 여론조사 목적은 중국 드라마의 질을 높이기 위함으로, 가장 인기 없는 드라마 순으로 순위를 정하고 그 결과를 바탕으로 전문가들을 불러 공개 토론을 하는 것이었다. 이 여론조사 대상 50편의 중국 드라마 속에 한국의 대장금이 포함되어 있었다. 그리고 대장금이 가장 인기 없는 드라마로 2주간 연속 1위를 마크했다. 중국 젊은이들 중에 대장금을 중국 드라마로 알고 있었던 사람은 물론 없을 것이고, 설사 그렇다 하더라도 대장금이 당시 다른 드라마들을 제치고 재미없는 드라마 1위로 집계된 것은 상식적으로 이해할 수 없는 결과였다. 아직도 그 수수께끼 같은 일이 일어난 배후에 대해서는 알 수가 없지만, 이는 대장금의 인기도에 대한 중국인들의 시기심이 어느 정도였는지를 짐작할 수 있는 대목이다. 중국청년보는 결국 한국 대사관측의 항의와 설명을 접수하고서 여론조사 도중에 대장금을 빼고 49편의 자국 드라마를 대상으로 여론 조사를 계속 한 해프닝도 있었다.

또한 얼마전 까지만 해도 TV를 켜면 어느 채널에서든지 한국 드라마를 쉽게 볼 수 있었으나 한류에 대한 견제심리가 작용해서 이제는 한국드라마를 지상파 TV에서는 보기가 힘들다.

중국도 우리 못지않게 많은 드라마를 제작한다. 그러나 그동안은 중국이라는 나라의 체제상, 공산당을 찬양하는 내용이나 항일(抗日) 투쟁이 드라마의 소재의 주종을 이뤄왔다. 하지만 최근 들어 제작되는 중국 근현대사 소재의 드라마들은 거의 우리 드라마 제작 수준에 도달하고 있다고 전문가들은 진단한다. 앞서 말했듯 중국은 역사적, 지리적, 인종적으로 드라마 소재가 다양하고 무궁무진하다. 한중합작이나 공동제작을 통해 우리의 드라마 제작 기술과 중국의 소재가 어우러진다면 드라마의 질도 향상될 뿐만 아니라 우리의 한류 열풍도 재 점화될 길이 있을 것이다.

15

혐한(嫌韓) 정서,
어디서부터 잘못된 것인가?

                2008년 북경 올림픽을 전후하여 우리 언론 매체에 크게 보도된 중국인들의 혐한(嫌韓) 감정은 표현 자체부터가 조금 과장된 측면이 있다. 중국에서는 '혐한'이라는 용어 자체가 없다. 한반도 특파원으로 서울과 평양에서 각각 10년간 한반도에서 근무한 전문가 모씨는 혐한 정서란 용어는 중국 사람들이 거의 사용하지 않는 생소한 용어라고 했다. 일본인들이 가끔 쓰는 용어를 우리 언론에서 갖다 사용한 것 같다고 부연 설명했다.

    중국인들이 가진 반한감정의 단초를 찾는다면 아무래도 우리 강릉 단오제가 세계문화유산에 등록되면서부터라고 볼 수 있다. 중국도 2천 년 전부터 단오제를 지내오고 있다. 그리고 우리의 모든 절기가 중국에서 유래했듯이, 우리가 사용하고 있는 '단오제'라는 명칭 역시 중국에서 건너 온 것이다. 그러니 중국인들이 한국이 유네스코 세계문화유산에 단오제를 등록한 것을 자기들의 문화를 찬탈(簒奪)한 사건으로 생각하기에 충분하다.

그래서 강릉단오제 세계문화유산등록은 반한감정을 촉발한 가장 큰 요인으로 작용했다. 물론 그 후 우리정부와 언론, 강릉단오제위원회에서 강릉단오제가 중국의 단오제와 명칭만 같을 뿐 내용은 완전히 다르다는 것을 설명하고, 홍보하여 오해가 많이 풀리기는 했다. 2009년도 강릉단오제 때는 중국의 문화재 관계자를 초청하여 우리 강릉단오제를 보여주었고, 한편으로는 서울 상주 중국 특파원을 초청하여 강릉단오제 행사를 취재 보도하게 하기도 하였다. 그래서 지금은 강릉단오제 문화유산등록을 이유로 한국을 비난하는 현상은 많이 진정되어가고 있다.

이후 반한감정이 촉발된 사건은 북경 올림픽에서의 일이다. 북경 올림픽 직전, 한국에서 성화를 봉송하는 과정에서 있었던 한중 양국 젊은이들의 마찰, 그리고 국내 모 방송사가 관례를 깨고 올림픽 리허설 장면을 미리 보도한 사실 등 당시 일어났던 일련의 사건 소식은 인터넷을 타고 일파만파로 퍼져 나갔다. 더욱이 일부 주요 언론들도 이를 이어받아 크게 보도하였고, 중국 사람들은 이러한 사건을 한국 사람들이 고의로 중국 올림픽에 흠집을 내려고 한 행동으로 오해하게 되었다.

중국인들은 소위 '백년의 꿈'을 이루는 행사인 북경 올림픽에 대한 희망에 부풀어 있었다. 북경 올림픽에 조금이라도 흠집을 내거나 방해를 한다고 생각되면 전 국민이 들고 일어날 분위기였다. 특히, 1988년 서울 올림픽을 개최한 한국에 20년이나 뒤쳐졌다는 열등감 때문에 한국의 작은 실수도 중국인들의 감정을 건드리기에 충분했다.

이러한 사태의 결과로, 중국인들의 불만이 실제 올림픽 경기장에서 나타나기 시작했다. 개막식 입장식을 생중계한 올림픽 주간 방송사였던 중국 중앙방송국(CCTV)은 한국 선수단이 입장하는 장면을 좋은 앵글로 방송하지 않았다. 보여주지 않아도 될 선수단의 발 부분을 상당시간 할애해서 보여준 것은 단순히 카메라맨의 실수라고 보기 어렵다. 한국 선수단이 입장하는 순간 관중석 역시 조용했다. 반면, 북한 선수단이 입장할 때나 일본 선수단이 입장할 때는 기립 박수와 환호하는 모습이 생중계되었다.

앞서 말한 것처럼 반한 감정이 북경 올림픽 때 갑자기 생긴 것은 아니다. 한중관계가 사상 유례를 찾아 볼 수 없을 정도로 빠르게 발전하는 과정에서 양국 간 문화적 충돌이나 갈등이 일어나는 것은 어찌 보면 불가피한 일인지도 모른다. 우리 국민들 중에는 중국을 6.25전쟁 때 북한을 도운 우리의 적국으로 인식하는 사람들도 있고, 비위생적이고 가짜 상품을 취급하는 후진국으로서의 이미지 때문에 부지불식간에 중국을 깔보는 경향도 있는 것이 사실이다. 또한 2008년 5월 중국 쓰촨성(四川省) 대지진 때 온 세계가 슬픔을 함께하고, 지원의 손길을 보내고 있는 상황에서 우리 네티즌들이 쓴 비이성적이고 비인도적인 댓글은 중국인들을 분노케 하기에 충분했다. 이러한 인식을 바탕으로 중국과 교류와 접촉을 하게 되면 양국 국민간의 갈등이 생기기 마련이다.

이외에도 한국 일부 학계의 역사연구 발표나 역사문화 단체들의 우리문화 보존을 위한 활동이 중국인들을 자극하는 사례가 최근 몇 년 사이 급증하고 있다. 앞서 예를 들었던 강릉단오제 세계문화유산 등록을 비롯하여, 한자, 중의학, 공자, 중국 신화 일부가 한국에서 유래되었다는 주장, 그리고 백두산 세레모니와 같은 돌발적인 해프닝 등이 그것이다. 또한 일부 한국 관광객들이나 한국 사람들의 추한 모습이 한국과 한국인들에 대한 반감을 유발하도록 만들고 있다. 한국인들의 섹스 관광에 대한 보도, 유명 연예인들의 노상 방뇨 사건, 그리고 우리 진출 기업들의 비정상적인 철수 사태도 반한 감정을 유발하는데 한 몫을 했다.

이밖에 다양한 사례를 통해서 중국에서 혐한 정서가 표출되고 있음을 확인할 수 있다. 앞서 언급했던 중국청년보의 인터넷 여론조사에서 가장 싫어하는 드라마로 한국의 대장금이 1위로 선정된 사실이외에도 2007년 12월 10일 중국 신화통신사 자매지 주간 국제선구도보(國際先驅導報)는 한 인터넷 매체와 공동으로 실시한 여론조사에서 "중국과 국경을 함께하는 20개국 중 그다지 좋아하지 않는 나라"에서 한국이 1위(40.1%)로 나타난 결과를 보도한 바 있다. 이 문항에서 일본은 30.2%로 한국보다 낮은 수치를 보였다. 근래 영토 문제 등으로 일본이 한국보다 더 적대적인 관계로 바뀌고는 있지만 초강대국으로 등장한 중국과의 관계를 우호적으로 유지할 수 있도록 긴장을 늦추지 말고, 대중국 공공외교에 있어서 노력을 아끼지 말아야 할 것이다.

16

'동감한국(動感韓國)' 행사의 경험

2007년 8월 당시 한국 국정홍보처는 북경에서 한국의 국가 이미지 홍보를 위한 '동감한국(다이나믹 코리아)' 행사를 종합홍보 행사로 기획하고 개최한 적이 있다. 이는 그 직전 해인 2006년 중국이 한국에서 개최한 '감지중국(感知中國)' 행사의 답방 형식으로 추진되었다. 한국과 중국은 기본적으로 체제가 다르기 때문에 이런 행사를 추진하는데도 많은 차이를 드러냈다.

중국이 한국에서 행사를 할 때 중국의 기준에서 생각하면 한국 정부가 도와주면 모든 행사가 일사분란하게 진행될 것으로 기대를 했던 모양이다. 그런데 한국의 경우 아무리 정부가 주관하는 행사라 할지라도 정부가 개입할 수 있는 데는 한계가 있다. 아무리 국가홍보행사라 해도 행사는 민간 베이스로 추진된다. 그러나 중국의 경우 중국 정부가 주관하거나 후원하는 행사는, 중국 정부가 추진하기로 결정만 하면 일사천리(一瀉千里)로 진행된다. 그런 문화에 익숙한 중국 관리들이 한국에서 자국의 홍보 행사를 준비하는 과정에서 한국 정부가 적극적으로 개입하지 않아 행사를 힘들게 했던 것으로 생각하고 서운한 감정을 갖게 된 것 같았다. 이는 그 다음해 한국이 북경에서 개최했던 '동감한국'에서 드러났는데 언론인 포럼, IT 전시회, 문화 공연 등으로 구성된 행사 중 인민대회당에서 개최키로 했던 '한중가요제'가 가장 힘들었다. 우리 본국 정부의 뜻은 한류의 바람을 다시 한 번 일으킬 생각으로 한중가요제를 천안문 광장의 인민대회당, 거기서도 가장 큰 공연장인 만인당(萬人堂)에서 개최해야 한다는 것이었는데, 여기서 참고로 인민대회당은 우리나라 국회 의사당과 비슷한 기능을 하는 장소며, 그 안의 만인당은 중국 공산당이 당 대회나 인민대표자회의 등 국가적인 행사를 개최하는 곳이다. 그런 의미를 가진 장소에서 대중가수들이 출동하는 한중가요제를 개최하겠다는 우리 측 의사를 중국 측에 전달하자, 중국 측은 행사 성격과 보안 문제 등을 이유로 결정을 미루어 오다가 한중가요제 행사 개막을 며칠 앞두고 불가하다는 통보를 해온 것이다. 그러면서 북경 도심에서 멀리 떨어진 장소를 대안으로 제시해왔다. 결국 우리 본부가 대안을 받아들이지 않아 한중가요제는 결국 불발로 돌아갔고 동감한국 행사의 개막식만 양국 문화 홍보 분야 인사들을 모시고 인민대회당에서 개최하게 되었다. 당시에는 가요제를 추진할 수 없었던 양국 방송사 간의 사정도 있었을 테지만, 우리가 중국을 너무 쉽게 생각하고 접근해서 발생한 시행착오는 우리의 공공외교에 있어서 중요한 교훈을 남겼다.

17

반한 감정 해소를 위하여

대한민국의 국가홍보와 공공외교에 종사했던 사람으로서 간략하게나마 중국의 반한 감정에 대한 나름의 대안을 제시해볼까 한다. 먼저 중국인들에게 반한 감정을 유발하는 원인을 제공해서는 안 된다. 중국 사람들은 한국에서 일어나는 모든 일들을 신문이나 인터넷을 통해 실시간으로 접하고 있다. 한국 내의, 또는 자국에 있는 중국인들 중에는 한국어를 해독할 수 있는 인구도 이미 상당수며, 그 숫자가 나날이 늘고 있다. 불필요한 주장과 자극적인 표현으로 중국인들의 민족주의를 자극하는 일을 삼가야 한다.

한국이 중국보다 잘 살고 의식수준 또한 높은 것은 사실이며, 중국인 또한 이를 인정하고 부러워한다. 그래서 한류 열풍도 가능했다. 한국 국민들로부터 보고 배울 점이 있다고 생각했던 것이다. 하지만 이후 일부 한국인들의 추한 모습에서 중국인들이 크게 실망했다는 것이 많은 곳에서 증명되고 있다. 그래서 중국인들 사이에 실제로 한국 사람들을 직접 접해보고 나면 듣던 것과는 달리 크게 실망한다는 말이 있는 것이다. 현재 우리의 많은 기업들이 중국에 진출해 있다. 삼성, LG, SK, 현대, POSCO, 두산 등 대기업과 크고 작은 중소기업들을 합치면 약 4만개 이상의 한국 기업이 중국에 있다. 이들이 고용하고 있는 종업원만 해도 상당수에 이른다. 더욱이 이들은 중국인들에게 한국의 이미지를 심는 데 중요한 역할을 하고 있다. 이들이 한국인의 근면하고 성실한 모습을 중국인들에게 보여주는 민간외교가 매우 중요하다. 삼성, LG 등 대기업들은 지금도 나름대로 사회에 공헌하는 사업들을 다양하게 펼치고 있지만, 중국 시장의 잠재력이나 내수 시장 개발이라는 목표를 순조롭게 달성하기 위해서는 상품의 경쟁력 못지않게 중국인들의 마음을 얻는 공익성 사업을 더욱 적극적으로 전개할 필요가 있다는 것이다.

한편 한국에는 조선족을 포함한 중국인 근로자 약 40만 명 이상이 제조업이나 서비스업 등에 종사하고 있다. 고용주나 이웃 한국인들이 이들을 대하는 태도가 한국에 대한 이미지를 형성하는데 상당히 중요한 역할을 한다. 또 5만 명 이상의 중국인 유학생들이 귀국 후 반한 감정을 가지는 잠재세력이라는 지적에 대해서도 반드시 주목해야 할 것이다. 끝으로 젊은 세대를 중심으로 한 네티즌들에게도 한국에 대한 긍정적인 이미지를 형성해 나가는 것이 장기적으로는 중요한 과제다. 현재도 시행되고 있는 각종 학생 교류 및 초청 사업, 젊은 이들을 위한 문화교류 사업, 양국 네티즌을 위한 홍보기법 개발 등이 앞으로도 활발히 전개되어야 할 것이다.

18

중국 경제, 이젠 내륙지방으로 눈 돌릴 때

한중관계는 극단적으로 이야기 하자면 경제관계라 해도 과언이 아니다. 수교 18주년인 2009년 말에 한중간의 경제교역 규모는 약 1,860억불에 달해, 미국 및 일본과의 교역액을 합친 금액만큼이나 되었다. 더욱이 우리가 가장 많이 흑자를 내는 나라가 다름 아닌 중국이다. 때문에 중국은 현재 우리 경제에 있어서도 중요한 파트너이고, 앞으로도 우리의 큰 소비시장 역할을 할 것이다.

1978년 등소평이 중국의 개혁 개방을 추진하면서 주로 중국의 동남 해안선을 따라 개방을 하기 시작했다. 연안 도시인 선전, 광주, 상해, 청도, 천진, 대련 등의 도시들을 기준으로 할 때 지리적으로 가장 가까운 나라가 한국이다. 이들 도시들이 한국과 교역이 많았던 것 역시 그만큼 물류비용을 절감 할 수 있는 이점이 있기 때문이다. 때문에 지난 30년 동안 중국이 발전을 해나가면서, 개혁 개방으로 가장 많은 경제적인 이득을 본 국가도 한국일 것이다.

물론 중국의 연안지역을 중심으로 우리 기업들도 많은 경제활동을 하고 있다. 대기업뿐만 아니라 중소기업도 많이 진출해 있다. 이들 중소기업들은 대부분 중국의 값싼 노임에 의존하여 임가공을 하는 업체들로서, 그동안 상당한 이익을 얻었다. 그러나 중국의 중앙정부도 중국 경제가 어느 정도 자립을 하고 시장경제의 틀이 잡히면서 한국, 대만 등의 외자기업들이 자국의 값싼 노동력을 이용하는 것을 보고만 있을 리가 없었다.

그 대표적인 예가 2008년 신노동법 제정이라 할 수 있다. 신노동법은 중국 근로자들의 권익을 보호하기 위해 근로 조건을 크게 향상시켰다. 하지만 그 신노동법이 한국과 대만의 중소기업들에게 큰 타격을 주게 되었다. 그 후유증으로 일부 한국 기업이 도산하고 야반도주를 해 양국 간 큰 이슈가 되기도 했었다. 다행히 그 후 양국 정부의 노력으로 우리 기업이 도산을 하더라도 청산절차를 간소화 하는 등 제도적 조치를 강구해, 비정상철수를 하는 빈도는 상당히 줄어들었다. 또한, 2009년 국제금융위기 이후 세계 경기 후퇴로 중국도 해외 수출 기회가 많이 줄어들었다. 이는 결국 우리 진출기업에게도 영향을 미쳤다. 저임금의 매력이 사라진 데다 수출마저 줄어드는 상황에서 그동안 우리 기업들에게 중국이 했던 생산기지로서의 역할을 기대하기 힘들게 된 것이다.

이러한 일련의 변화와 맞물려 앞으로는 중국의 연안 보다는 내륙으로 눈을 돌려야할 때가 왔다고 본다. 중국 경제가 발전하면서 소득수준이 높아졌고 구매력도 많이 신장되었다. 중국의 주요 도시들의 소득 수준은 이미 한국과 비슷한 수준으로 향상되었다. 그래서 중국 정부도 해외로의 수출 부진을 내수시장(內需市場)에서 보충하는 전략으로 방향을 수정해가고 있다. 광활한 중부 내륙지역은 미개척 지대이고 인건비도 상대적으로 싸다. 우리 기업도 앞으로는 중국의 내수 시장을 노리는 마케팅 전략을 적극적으로 펼치고, 서부 대개발의 붐을 탈 수 있는 내륙지방으로 눈을 돌려야 할 것이다.

19

중국을 본격적으로 연구할 시기가 도래했다

한중 수교 18년의 짧은 기간에도 불구하고 문화적 유사성과 지리적 인접성으로 인해 우리나라에도 중국 전문가가 많아졌다. 대학에서 학문적으로 중국을 연구하는 학자들 이외에도 중국에서 20여년 사업을 해 오고 있는 경제 분야의 기업인, 홍콩과 중국 특파원을 역임한 언론인, 그리고 한중 수교 이후 대사관이나 관변 단체 종사자들도 그들 분야에서 중국 전문가들로 꼽힌다. 이들은 그동안 각자 해당분야에서 한중관계를 이끌어 오는데 큰 역할을 해왔다.

그러나 급속히 성장한 거대 중국을 제대로 연구하고 그에 대처해 한중관계 발전과 동북아의 평화와 안정을 이루기 위해서는 권위 있는 연구기관이 있어야 한다는 생각이 든다. 더 이상 중국은 우리가 쉽게 볼 대상이 아니다. 그간 중국과의 업무는 각 분야별로 개인적인 정보에 바탕을 두고 제도적으로 해결이 안 되는 문제는 소위 '꽌시(關係, 인간적으로 친밀한 관계)'까지 동원해가면서 접근했다. 하지만 업종별 등 개별적인 단위 위주로 정보를 수집하고 분석해서 대응책을 강구하기에는 중국이라는 나라가 너무나 방대하고 견고한 체계를 갖고 있다는 것을 잊어서는 안 된다. 따라서 이제는 보다 체계적이고 종합적인 네트워크를 구축하고 산학관언(産學官言)을 아우르는 종합연구소가 필요하다. 중국의 달라진 위상을 고려했을 때 이제는 이런 종합적인 연구소를 통해 상호 협력하고 시너지 효과를 낼 수 있도록 하는 체제가 필요한 시기가 도래한 것이다.

물론 국내 일부 대학이나 언론사가 중국 연구소를 운영하고 있다. 그러나 세계적인 강국으로 자리를 잡아가는 중국의 막강한 국력과 남북한 대치 상태에 있는 우리 외교안보에 중국이 미치는 영향력을 고려했을 때, 기존의 중국 연구소 이외에 정부나 경제단체 등이 후원하는 별도의 제대로 된 연구소가 만들어져야 할 시기가 왔다고 본다. 병원에 비유하자면 개인병원이 아닌 종합병원이 생겨야 한다는 것이다. 중국을 학문적으로 연구한 학자들과 중국 현장에서 다년간 근무한 경력을 소지한 사람들로 이런 기관이 구성된다면 한국의 국익을 위해서나 한중관계 발전을 위해서 중요한 싱크탱크(Think Tank) 역할을 할 수 있을 것이다.

Part 3

문화예술의 나라
러시아

Russia

1. 어둠과 불안 속에서 시작한 러시아 생활 | 2. 8개월 동안 이어지는 러시아의 겨울 풍경 | 3. 수준 높은 예술의 나라 | 4. 운전문화와 시민의식 부족 | 5. 고급문화를 향유하는 서민들 | 6. 화려하고 사치스러운 러시아인 | 7. 아름다운 만큼 빨리 지는 꽃 | 8. 민족주의와 외국인 혐오증 | 9. 콧대 높은 에르미타주 박물관장과의 면담 | 10. 백야의 도시, 상트페테르부르크 | 11. 2차 세계대전 종전에 대한 러시아인들의 자부심 | 12. '톨스토이 문학상' 제정의 보람 | 13. 문화 수출을 국가 주력 사업으로 | 14. 맥도날드, 유일한 외자 기업으로 생존 | 15. '한-러 친선 특급 사업'을 통해 한국 이미지 확산

01

어둠과 불안 속에서 시작한 러시아 생활

 필자가 러시아 땅을 처음 밟은 것은 2000년 4월이었다. 러시아가 가장 위험할 수 있다는 뉴밀레니엄의 공포가 채 가시기 전이었다. 아들, 집사람과 함께 존 에프 케네디 공항을 출발하여 직행으로 도착한 곳은 모스크바 셰레메티예보 국제공항이었다. 모스크바의 4월은 아직 겨울이라 그런지 비행장과 공항 내부는 어둡고 침침했다. 출구가 여럿 있음에도 불구하고 한 곳만 열어 한참 줄을 서서 기다리게 하는 통관 절차나 근무하는 이민국 직원들의 불친절함이 한때 공산주의 종주국이었던 공포를 느끼기에 충분하였다.
 겁에 질린 가족과 나는 마중 나온 대사관 직원의 안내로 공항 VIP실로 이동하면서 약간 안도했다. 하지만 당시 VIP실이라는 곳의 시설도 형편없었다. 낡은 소파 몇 개를 여기저기 흩어 놓은 정도였다. 암울한 분위기의 공항 내에서 눈에 띄는 것은 반갑게도 삼성의 로고가 붙은 카트와 삼성, LG전자의 대형 TV들이었다.

공항에서 시내로 향하는 대로변에는 러시아에 진출한 자랑스런 우리나라 기업들이 우리를 반긴 셈이다. 회색 빛 낡은 아파트가 줄지어 서 있었고, 검정 일색의 두툼한 외투를 걸친 러시아 사람들, 그리고 눈길을 달리는 지저분한 차들이 눈에 들어오기 시작했다. 직원이 미리 구해놓은 아파트는 모스크바 시내 중심가 옛 KGB 건물 바로 뒤편에 위치하고 있었다. 정확히 알 수 없지만 적어도 30년 이상은 되어 보이는 낡고 자그마한 건물이었다. 다른 사회주의 국가들처럼 러시아 역시 대도시에는 단독 주택이 거의 없고 대부분 아파트가 주거지다.

우리가 처음 아파트 입구에 도착하여 받은 느낌은 아찔했다. 앞으로 이런 곳에서 몇 년을 살아야 하는 건가 걱정부터 앞섰다. 아파트 입구에는 허술한 경비실이 있고, 건물 내에 들어가기 위해서는 비밀 번호를 눌러야 했다. 8층 아파트까지 올라가는 승강기는 옛날 갱영화에서나 볼 수 있는 철망 문으로 되어 있었는데 오르내릴 때 정상적으로 작동되는지 불안할 정도였다. 실제로 그 곳에 살면서 승강기가 중간에서 멈춰 서거나 정확한 위치에 서지 않아 당황스러울 때가 종종 있었다.

놀라운 것은 건물 외부는 그렇게 지저분하고 냄새가 나지만 건물 내부는 아주 깨끗하고 고급스럽게 치장되어 있었다. 외국인들에게 비싸게 세를 놓기 위해서 거금을 들여 수입 자재로 내부 인테리어를 완전히 바꿔 놓은 것이다. 러시아는 워낙 겨울이 춥고 길어서 그런지 건물 외부는 허술해도 내부는 보온이 상당히 잘 되어있는 편이기도 하다. 추운 겨울에 외기로부터 실내를 보온하기 위해 건물 벽이 굉장히 두껍고 천정이 아주 높다. 보통 건물 외벽의 두께가 1m 정도에 이른다. 옛날 건물이라도 건물의 골조가 튼튼해서 내부 수리에 투자하면 실내는 아주 우아해진다.

밝고 고급스런 실내라는 반전이 있기는 했지만 마음속의 어둠이 완전히 가시지는 않았다. 아파트 외관은 물론이고, 공항과 거리에서의 첫 대면이 너무 강한 인상을 남겼기 때문이다. 어쨌든 한 때 미국과 함께 세계를 양분했던 강대국 러시아에서의 생활은 어디를 가든 곳곳을 가득 채우고 있는 어둠과 다소간의 불안을 동반한 채 시작되었다.

02

8개월 동안 이어지는
러시아의 겨울 풍경

러시아는 10월부터 이듬해 5월까지 거의 매일같이 눈이 부슬부슬 내려 온 대지가 눈으로 덮어 있다. 겨울 평균 기온이 영하 25도 정도이고 체감 온도는 영하 40도에 이른다. 그래서 인지 러시아에서는 온도로 영하 40도, 알코올 도수는 40도, 이동할 때 거리는 4000km가 되어야 이야기 거리가 된다는 재미난 말이 있다.

러시아의 대표적인 풍경 중 하나가 설경이다. 하루도 쉬지 않고 내리는 눈은 러시아인들에게 아주 위협적인 존재기도 하다. 두껍게 쌓인 눈의 하중은 건물을 붕괴시킬 정도로 강력한 힘을 가지고 있다. 그래서 건물주들은 지붕위에 쌓인 눈을 며칠에 한 번씩은 꼭 치워줘야 한다. 인부들이 고층빌딩 지붕 위에 올라가 허리에 끈을 묶고 곡예를 하다시피 처마 끝 부분까지 내려가면서 삽으로 눈을 쓸어 내는 모습은 흔히 볼 수 있다. 처음 본 이런 작업 광경은 보기만 해도 아찔하고 신기했다.

지붕에 쌓인 많은 눈이 혹한에 거대한 고드름을 만들어내기 때문에 처마 끝에 붙어 있는 고드름도 제거해야 한다. 상상을 초월할 정도로 크고 무거운 고드름이 무게를 이기지 못해 높은 처마에서 떨어지면 지나가는 사람이나 자동차에게는 치명적인 위험 요인이 되기 때문이다. 세워 놓은 자동차에 밤새 고드름이 떨어져 차량이 대파된 모습을 자주 목격하게 된다. 모스크바 시에서만 건물 처마에서 떨어지는 고드름에 맞아 죽는 행인도 한해 겨울 40여명에 이른다고 한다. 시청에서 요일별로 구역을 정해 놓고 건물 처마위에 달려 있는 고드름 제거 작업을 해도 역부족이다.

이처럼 러시아는 다른 어떤 곳보다 추위라는 자연환경에 의해 인간의 사고와 행태, 문화와 예술, 심지어 전쟁에 이르기까지 모든 요소들이 지배를 받았고, 그러한 환경에 적응하며 발전해 왔다. 러시아인들의 자기중심적인 사고 역시 험악한 자연환경에서 자신의 생존을 위한 불가피한 선택의 산물일 것이다.

03

수준 높은 예술의 나라

　　　　　　　　러시아 공연예술의 정수는 발레다. 러시아 발레는 우리나라를 포함하여 세계무대에서 인기를 얻고 경쟁력을 가지고 있다. 발레는 본래 이태리와 프랑스를 거쳐 들어왔지만 러시아에서 꽃을 피우게 된 데는 그럴만한 이유가 있다. 우리에게 너무나 친숙한 발레의 3대 명작 〈백조의 호수〉, 〈잠자는 숲속의 미녀〉, 〈호두까기 인형〉을 작곡한 차이콥스키가 바로 러시아 사람이다. 다시말해 발레가 러시아에서 차이콥스키를 만나 전성기를 이룬 것이다. 또한 림스키코르샤코프, 쇼스타코비치, 라흐마니노프, 스트라빈스키와 같은 유명한 작곡가들이 많았기에 유럽에서 시작한 고전음악이 러시아에 와서 현대음악으로 맥을 이었다.

　그리고 러시아인들의 우월한 체형도 여기에 한 몫 했을 것이다. 키가 크고 다리가 긴 반면 어깨는 좁고 미모의 얼굴을 가진 러시아인들의 모습이 발레의 멋을 한껏 더할 수 있었다. 무엇보다 겨울이 길고 밤이 긴 환경적 요인 때문에 예로부터 러시아 귀족들은 기나긴 겨울밤을 실내에서 발레를 즐기며 보내곤 했다. 공산 러시아 73년 동안에도 그들은 발레 공연을 이어오고 국가적으로 지원, 육성 발전시켜 왔다. 러시아에는 지금도 시내 도처에 크고 작은 극장이 있으며 그곳에서 자주 공연이 열린다.

또한 러시아는 문학 대국이기도 하다. 우리가 학창시절부터 알고 있는 푸시킨, 톨스토이, 도스토예프스키, 막심 고리키 등 수없이 많은 문학가를 배출한 나라가 바로 러시아다. 러시아의 문인들은 당시 문학 활동뿐만 아니라 사상가, 철학자, 교육자로서의 역할을 함께 해왔다. 발레와 마찬가지로 러시아가 세계적인 문호들을 많이 배출한 것을 겨울과 밤이 긴 자연환경으로 인해 저술활동과 독서에 할애할 시간이 많다는 것에서 원인을 찾기도 한다.

거기에 더하여 러시아 언어의 특성에서 오는 요인도 있는 것 같다. 러시아 언어는 변화가 많은 것이 특징이다. 어떤 현상의 표현을 아주 다양하게 할 수 있는 언어다. 한 문장에서 주어, 동사, 목적어의 순서가 별로 중요하지 않고 의미에도 크게 영향을 미치지 않는다. 또 위치에 따라 어미가 변화한다. 때문에 다른 언어에 비해 외국인들이 배우기 어려운 언어로 통한다. 이런 러시아어가 정확한 내용을 요구하는 계약서 작성 등에는 적합하지 않을지 모르지만, 다양하고 민감한 느낌 표현 등 미려한 언어 구사가 요구되는 문학에는 오히려 제격인 것이다.

대표적인 예술 분야인 음악과 미술에 있어서도 러시아는 세계적인 수준을 자랑하며 국경을 넘어 많은 사람들의 사랑을 받고 있다. 결론적으로 이렇게 수준 높은 예술가들을 많이 배출할 수 있었던 것은 긴 겨울 밤 실내에서 생활하는 시간이 길기 때문일 것이다. 러시아가 가진 자연환경의 제약과 악조건이 오히려 예술 분야에서는 화려한 꽃을 피우게 만들어 러시아를 문화강국으로 만드는데 결정적인 역할을 한 것이다.

04

운전문화와 시민의식 부족

러시아인들은 보행자든 운전자든 신호등을 무시한다. 예를들면 다른 차들이 신호등을 받고 정차해 있으면 뒤따라오던 차는 그 차 뒤에서 기다리는 게 아니라 옆 인도로 차를 몰고 올라 지나가는 경우가 많다. 그래서 차량이 많은 복잡한 거리에서는 차도와 인도의 구분이 없을 뿐만 아니라 사람들이 걸어 다니고 있는 인도로 차량이 질주하는 광경을 흔히 목격할 수 있다.

아직도 러시아는 대통령이나 VIP차량 등 특권층의 차량이 지날 때면 의례 교통을 통제한다. 심지어 일반 시민들까지도 응급 사이렌을 구입해서 필요시 차 위에 올려놓고 달린다. 2000년대에는 응급 사이렌 한 대 값이 5천불 정도까지 했다. 민주시민의식이 부족한 러시아인들은 아무렇지도 않은 듯 이러한 일들을 묵인하며 잘 참고 살아간다.

러시아에는 통념적인 별도의 택시가 없다. 형식적으로 정부에 등록된 택시가 있으나 그것은 거의 유명무실하다. 대부분의 시민들은 지나가는 아무 차나 세워 값을 흥정하고는 택시로 이용한다. 자가용은 물론이고 심지어는 앰뷸런스도 값을 지불하면 목적지까지 태워준다. 대사관 차량이나 관용차량 운전수들도 오가는 길에 손님이 생기면 택시로 둔갑하여 영업을 하다 적발되는 경우가 허다하다. 시장경제 도입이 일천한 러시아에서 자본주의 윤리가 제대로 자리 잡기도 전에 돈을 벌기 위해서는 무엇이든 할 수 있다는 소위 '천민자본주의'의 현상이 나타나고 있는 것이다.

러시아인들에게 민주시민의식이 부족한 데는 그럴만한 이유가 있는 것 같다. 역사상 제정 러시아 당시에는 극소수의 귀족 계급을 제외하고는 대부분이 농노로 구성되어 있었다. 귀족 계급들은 1917년 공산혁명이 일어나자 미국 등의 서방 국가로 모두 탈출하였고 남은 인구의 대부분은 농노 신분에 불과한 농민들이었다. 이들이 공산혁명에 가담하고 프롤레타리아인 노동자 농민의 신분으로 20세기말 소련이 붕괴될 때까지 민족을 구성하여 이어왔다. 이러한 군중들이 민주시민의식을 제대로 교육 받을 기회가 없었다. 그 외 문화적인 요인으로는 그들의 언어에서 오는 자유분방한 사고가 인간의 행동을 규제하는 법규에는 익숙해지지 않는 탓도 있다.

한 국가의 공권력이 제대로 서있는지는 그 나라 경찰을 보면 알 수 있다는 말이 있다. 2000년대 초, 당시 러시아 경찰들의 행태는 악명이 높기로 유명했다. 치안을 위해 있어야 할 우범지역이나 교통정리를 해야 할 현장에서는 정작 경찰을 찾아보기가 힘들다. 설사 그곳에 있다 해도 문제 해결에 별 도움을 주지 못하는 경우가 많다. 그러나 외국인 번호판이 붙은 차량이 지나가면 차를 세우고 불심검문에 들어간다. 사회주의 국가에서는 매우 일반적인 '레드 테이프(Red Tape) 현상'이다. 이 말은 당초 관청식의 번거로운 형식주의를 비유하기위해 공문서를 매는 데 쓰는 붉은 끈에서 유래한 말로, 업무처리에 있어 불필요한 서류나 복잡한 형식에 집착하는 현상을 칭하는 말이다. 불심검문으로 각종 구비 서류들을 요구하고 한 가지라도 없으면 트집을 잡다가 결국은 금전을 요구한다. 그래서 러시아 젊은이들은 이러한 러시아 경찰들을 "백 루블만 주세요"라는 뜻의 "다바이쩨 빠잘스타 스또 루블리"라고 부르면서 비아냥거리기도 하는데 첫 글자를 따서 붙이면 경찰의 약칭이 되기도 한다.

05

고급문화를 향유하는 서민들

러시아는 모스크바 볼쇼이 극장, 상트페테르부르크의 마린스키 극장 등 유서가 깊은 세계적 공연장이 있어 이를 큰 자랑으로 생각한다. 극장의 관객 대부분이 외국인 관광객이다. 입장료가 비싸 보통석도 100불정도 하는데, 러시아를 여행하는 사람들은 꼭 한번쯤 이런 곳에서 공연을 보기 원한다. 이외의 도시 곳곳에도 크고 작은 극장과 음악당들이 있어 연중 내내 연극, 발레, 음악회가 열린다. 현대적이고 화려한 공연장은 아니지만 공연을 즐기기 위해 소박하게 차려입은 동네 어른들이 항상 자리를 메운다. 경제적으로 밑바닥에 있는 서민들조차 자연스럽게 고급문화 향유하는 것이다. 그 중에서도 백발의 할머니, 할아버지들이 많이 눈에 띈다. 입장료가 저렴한 까닭도 있겠지만 젊은 시절부터 늘 접해온 문화에 대한 향수 때문일 것이다.

러시아인들이 문화예술을 사랑할 수밖에 없는 민족임을 그들의 교육 과정에서 알 수 있다. 초등학교 때부터 문화예술에 대한 체계적인 교육을 통해 예술을 접하고 자연스럽게 익숙해진다. 수업의 일부로 학생들은 매년 조금씩 수준을 높여가면서 공연을 관람하고 졸업할 때는 한 작품을 완전히 이해하도록 하는 방식으로 차근차근 예술을 몸에 익힌다. 이런 교육은 중학교, 고등학교 과정에서도 계속된다.

과거 소련 공산당은 중국과 달리 문화예술 활동을 억제하거나 말살하려고 하지 않았다. 오히려 국가 차원에서 발레, 음악, 미술, 영화 등 문화예술을 장려했기 때문에 소련이 붕괴되기 전까지 73년이라는 긴 공산주의제체 동안 이들의 문화예술은 단절되거나 퇴보되지 않았고, 명맥을 유지하는 것을 넘어 오히려 발전을 거듭할 수 있었다. 중국 모택동 공산당이 1976년부터 10년간 문화대혁명을 통해 중국의 문화말살 정책을 쓴 것과는 큰 대조를 이루는 것이다. 소련 공산당이 필요에 의해서 문화예술 장려정책을 폈을 가능성도 있지만, 문화예술을 사랑하고 향유하고자 하는 러시아 민족들의 강한 욕구가 그 바탕에 깔려 있었기 때문일 것이다.

06

화려하고 사치스러운 러시아인

모스크바 시내 도로변에는 한 집 건너 한 집이라 해도 과언이 아닐 정도로 신발 가게가 많이 눈에 띈다. 그 중 대부분은 여성 신발 가게다. 러시아 여성들의 미모는 이미 세계적으로 알려진 사실이지만, 미모에 더하여 러시아 여성들은 화려한 의복과 치장에 익숙해져 있는 듯 하다. 이는 1917년 공산혁명 이전, 제정 러시아 시절부터 시작된 화려한 러시아 귀족문화가 오늘날의 서민들에게까지 전래되어 온 현상 때문이다.

과거 러시아 부유층은 서유럽의 문화, 특히 프랑스 문화를 숭상하고 모방하기를 즐겼다. 당시의 러시아 문학 작품에서도 자주 나타나듯이 소위 식자층의 사람들은 대화중에도 프랑스어를 자주 사용하곤 했다. 이 과정에서 화려하고 사치스러운 생활이 자연스럽게 몸에 밴 것이다.

러시아인 가정에는 안방 벽을 뚫어 만든 작은 금고가 하나씩 설치되어 있는데 외부인들의 눈에 쉽게 띄지 않도록 하기위해 그림이나 가구 등으로 위장하곤 한다. 대부분의 러시아인들은 금융기관에 대한 신뢰가 별로 없어 주민들이 은행을 거의 이용하지 않는다. 소련이 붕괴되면서 독립한 러시아는 자유 시장 경제체제를 받아들였고, 그 후 은행도 많이 생겨났다. 그러나 몇 년 후 발생한 화폐개혁으로 은행에 맡겨 놓은 돈이 거의 휴지 조각으로 변해 버리는 일이 일어났다. 그 후 시민들은 은행을 믿지 못하게 되었고, 여유 자금이 생기면 각자의 집 금고나 베개 밑에 보관하기 시작했다. 그 결과 러시아는 저축률이 아주 낮은 국가 중 하나가 되었고, 러시아 은행들도 개인을 상대로 한 여신 업무에는 비중을 두지 않고 있다.

일상에서도 화려함을 추구하는 러시아인들은 소득에 비해 소비가 많다. 물론 러시아인들의 소득 수준이 저축을 별도로 할 만큼 넉넉하지 않은데도 원인이 있겠지만, 아직도 기성세대들은 공산주의 시절의 배급 문화가 몸에 배어 있어서, 있으면 쓰고 보자는 심리가 강하다. 더욱이 은행을 믿지 못해 현금을 집에 두거나 지니고 있다 보니 소비 성향이 높은 것 같다.

07

아름다운 만큼 빨리 지는 꽃

　　　　　　러시아 젊은이들을 보면 빨리 피었다 빨리 지는 꽃 같다는 생각이 든다. 중학생 정도면 거의 성인들과 구분하기가 힘들 정도로 다 자란다. 고등학생 중 상당수는 부모의 동의하에 동거를 하기도 한다. 러시아 여자들은 특히나 젊었을 때는 아름다운 미모를 지녔다가 결혼을 하면 금방 비대해진다. 오랫동안 추운 지방에서 살다보니 체질적으로 비만이 빨리 오는 인자가 형성되어 있는 것 같다.

　러시아 여성들의 미모는 세계가 인정한다. CNN의 보도에 따르면 세계 패션모델의 73%가 러시아계 여인이라고 한다. 아름답게 꾸며서 그런 것뿐만이 아니라 체형과 미모가 타고나는 것 같다. 그래서 러시아 사람들은 자신들은 하나님이 주문제작한 제품들이고, 그 외의 민족들은 대량생산한 제품이라고 말할 정도로 자신의 외모에 자부심을 갖고 있다. 푸틴 전 러시아 대통령은 재임 당시 어떤 자리에서 러시아에서 국제경쟁력이 있는 3가지 분야가 보드카, 러시아 발레, 그리고 러시아 여성들이라고 언급한 바가 있을 정도다.

러시아는 남자들의 인구 구성비가 상당히 낮다. 최근 수년간의 통계를 살펴봤을 때, 러시아 남자들의 평균 수명은 59세 정도, 여성의 평균 수명은 72세 정도다. 그 이유는 끝없이 계속되는 크고 작은 전장에서의 전사와 추운 겨울을 이겨내기 위해 독한 보드카를 상용하는데 따른 건강 악화에 있다고들 한다.

거대한 국토를 가진 러시아는 남자에 비해 월등히 많은 여자의 숫자뿐만 아니라 인구 감소 자체가 큰 골칫거리다. 러시아는 전통적으로 모계사회이고 남아 선호사상이 강하다. 남자 아이는 태어나면서부터 애지중지 키우게 되고, 그럴수록 남자 아이들이 더욱 나약해져 장수를 누리기 힘든 것이다. 이렇게 러시아 여성의 미모나, 귀하게 자랐지만 짧은 수명을 가진 러시아 남성들을 보면 마치 화려하고 아름답게 피었지만 금방 져버리는 꽃 같다는 생각이 든다.

08

민족주의와 외국인 혐오증

　　　　　　러시아인들의 민족주의가 극단적으로 드러난 사건이 있다. 2002년 한일 월드컵 예선전에서 러시아는 일본과 맞붙었는데, 불행히도 러시아가 일본에 패하게 되었다. 그날 밤 모스크바 거리는 폭동의 현장으로 바뀌었다. 축구를 보던 러시아 젊은이들이 거리로 뛰쳐나와 길거리에 세워둔 차량에 불을 지르고 동양 음식점을 파괴하고, 맥주병으로 국적에 관계없이 지나가는 동양인을 마구 구타하는 일이 벌어진 것이다. 러시아 젊은이들이 과거 러일전쟁에서 패배한 굴욕의 역사를 기억하고 있는데다, 소련 붕괴 이후 일본을 위시하여 경제대국으로부터 받은 수모가 쌓여 일순간 폭동을 초래한 것이다.

　　소련 붕괴 이후 경제적으로 어려웠던 시기에 교육을 받고 자란 러시아 젊은이들에게는 민족주의 정서가 상당히 강하게 자리 잡고 있다.

정서적으로 민감한 러시아의 젊은이들은 한때 세계 최강국이었던 소련 제국의 체제가 붕괴되고 시장 경제체제로 전환되면서 주변의 가족들이 겪은 과도기적인 고통을 너무나 잘 기억하고 있다. 대학 교수임에도 봉급이 5백 불도 되지 않아 아르바이트로 운전기사 일을 해야 하는 아버지의 고뇌, 학교 교사나 간호사 봉급으로는 생계를 꾸리기가 힘들어 일과 후 험한 일을 하는 어머니와 누나들을 보면서 예민한 젊은 학생들은 무슨 생각을 하며 자랐겠는가. 이런 고통스러운 기억이 그들을 더욱 강한 민족주의자들로 만들었는지 모른다.

비단 그런 가슴 아픈 기억 때문만이 아니더라도 러시아인들은 본래 자신들의 문화나 전통의 순수성을 지키려는 의지와 외래문화에 대한 폐쇄성이 세계 어느 민족보다 강하다. 슬라브족에 속하는 러시아인들은 그들의 순수한 혈통과 문화에 대한 자긍심이 매우 높고, 이를 보존하려는 노력을 많이 한다. 그래서 러시아인들은 외국인들을 별로 달갑지 않게 대하는 습성이 있다. 그들은 외국인이 자국에 많이 들락거리거나 장기간 거주하게 되면 자기 문화의 순수성이 훼손된다고 여기고 있다.

심한 경우에는 외국인에 대한 혐오증까지 갖고 있다. 독일 나치스를 흉내 내는 인종차별주의자 스킨헤드들에게 우리 유학생들이 가끔 봉변을 당하는 것도 이러한 맥락에서 나온 것이다.

09

콧대 높은 에르미타주 박물관장과의 면담

러시아 상트페테르부르크에는 영국 대영박물관, 프랑스 루브르박물관과 함께 세계 3대 박물관으로 알려진 에르미타주 박물관이 있다. 예카테리나 여제의 여름 별장을 개조한 에르미타주 박물관은 넘쳐난다는 표현이 적절할 정도로 소장품이 많은 곳이다.

에르미타주 박물관장은 직급으로는 문화부 차관급이지만 러시아의 유력인사 중 한사람이고, 이미 세계적으로도 많이 알려진 저명인사다. 필자가 모스크바 문화원장으로 재직하는 동안 이 박물관장을 공식적으로 면담한 일이 있었다. 당시 국내 모 일간지에 러시아가 2차 대전이 끝날 무렵 독일 베를린 박물관에서 전시품들을 훔쳐왔으며 그 작품들 중에는 한국 작품이 일부 있다는 보도가 있어 이를 확인하라는 본부 지시를 받고 박물관장을 만난 것이다.

예상대로 박물관장은 한국대사관 문화원장을 쉽게 만나주질 않았다. 온갖 인맥을 동원하여 성사된 면담 시간은 15분 정도였다. 박물관장은 앉자마자 용건을 물어 왔고, 필자는 본부 훈령대로 2차 대전 당시 베를린으로부터 들어 온 유물에 한국 유물이 있는지 물었다. 박물관장은 이미 일부 언론에서 보도된 러시아가 2차 대전 당시 독일에서 유물을 가지고 왔다는 기사 내용을 잘 알고 있다면서, 그런 사실 자체를 일언지하에 부인했다. 한국 유물을 포함하여 유물 자체를 가지고 오지 않았다는 것이다.

만나기가 힘든 박물관장인지라 평소에 필자가 생각하고 있던 간청을 하나 했다. 2000년도 당시 에르미타주 박물관에는 한국인 작품이 딱 한 점 걸려 있었는데 김흥수 화백의 그림으로, 그 박물관을 관람하는 한국 사람들은 그것을 자랑스럽게 생각했다. 그런데 그 작품이 걸려 있는 장소가 층과 층을 잇는 계단 위였다. 물론 공간에 비해 작품들이 많다보니 그럴 것이라고 이해는 하지만, 한국 사람들이 이 박물관에 오면 그 그림을 꼭 보고 가면서 자부심을 느끼곤 한다고 설명하면서 좀 더 보기 좋은 위치의 벽면에 걸어줄 수 없느냐고 부탁을 했다.

그랬더니 박물관 관장의 반응은 그 김흥수 화백의 그림이 세계적으로 유명한 칸딘스키나 피카소 그림들과 함께 위치하고 있는 것만으로도 고맙게 생각하라는 의외의 반응을 보였다. 그 일이 있은 후 한국인의 유일한 작품인 김흥수 화백의 그림이 그 자리에 걸려 있는지 궁금하여 박물관을 다녀 온 사람들에게 수시로 물어보곤 했다. 객관적으로 생각해볼 때 김흥수 화백의 그림이 그런 저명한 화가들의 작품들과 같은 반열에 있다는 것 자체가 큰 영광이라는 것이 틀린 말은 아닌 듯 했다. 어찌되었든 박물관장과의 면담을 비롯해 그러한 일련의 사건들을 거치면서 뇌리에 각인된 것은 에르미타주 박물관의 넘치도록 많은 소장품들과 자신들을 박물관과 함께 사는 사람(Museum people)이라고 여기는 문화예술에 대한 러시아인의 강렬한 자부심이었다.

10

백야의 도시, 상트페테르부르크

　　　　　　러시아가 근대국가로 기틀을 잡기 시작한 것은 17세기 말 피터 대제(Peter the Great)가 즉위하면서 부터로, 당시 러시아 수도였던 상트페테르부르크도 그의 이름을 딴 것이다. 그 후 상트페테르부르크는 러시아의 역사와 문화의 중심지로 부상하였다. 1917년 레닌이 공산혁명을 일으킨 곳도 상트레테르부르크였다. 그래서 소련 공산당 시절에는 이름이 레닌그라드였다. 2003년은 상트페테르부르크 정도 300주년이 되는 역사적인 해였다.

　상트페테르부르크는 도시 전체가 박물관과 같은 느낌을 줄 정도로 거리나 건물 하나하나가 고색창연하다. 그러나 러시아는 중앙정부나 지방정부가 재정이 충분치 못해 도시의 문화유적들을 보수유지하기 힘든 상황이었다. 현재는 러시아 총리이지만 당시 러시아 대통령이었던 푸틴의 고향이기도 한 상트페테르부르크의 정도 300주년 행사를 대대적으로 개최하기 위해 시 정부는 세계 각국의 정부기관이나 기업들에게 행사 참여를 요청하면서 그 대가로 협찬을 받기를 원했다.

물론 우리 정부와 기업에게도 요청이 있었다. 우리의 경우 삼성과 LG전자가 도시와 박물관 개보수에 일정부분 참여하면서 기업 광고를 한 것으로 알고 있다. 재정이 충분치 않으면서 국가 문화유산이 많은 나라들이 대동소이하겠지만, 러시아의 경우도 발굴 작업이나 개보수를 위해 국제기구나 외국정부 기관 또는 기업의 협찬을 받지 않을 수 없는 상황이었다.

러시아 백야는 상트페테르부르크의 백야제로 대변된다. 매년 낮의 길이가 가장 긴 6월에 백야제가 열린다. 백야가 시작되는 6월에는 밤 11시까지도 사람들이 활동을 할 정도로 밝다. 그리고 새벽 3시면 다시 날이 밝아 온다. 백야제가 열리는 기간에는 외국 관광객, 특히 유럽 사람들이 많이 몰려온다. 그러므로 우리 기업들은 백야제를 활용해 러시아 정부와 상부상조하면서 수익을 창출할 수 있을 것이다. 또한 러시아 정부와 한국 기업이 문화예술 행사를 매개로 하여 상생하는 모델을 많이 발굴하는 것이 장기적인 면에서 러시아와의 관계를 돈독히 하는 것은 물론 대한민국의 기업 이미지를 개선하고, 국가 브랜드를 알리는데 도움이 될 것이다.

11

2차 세계대전 종전에 대한 러시아인들의 자부심

영미(英美)식 교육을 많이 받고 자란 한국 사람들이라면 누구나 노르망디 상륙작전의 성공이 2차 세계대전을 끝낸 것으로 알고 있을 것이다. 해방 이후 6.25동란을 거치면서 미국의 영향으로 미국중심적인 교육을 받은 세대들은 적성국으로 인식된 러시아에 대한 정보와 지식이 부족했었기 때문이다. 그러나 러시아 사람들은 전혀 그렇게 생각하지 않는다. 2차 대전은 소련이 독일과의 치열한 전투 끝에 승리한 결과로 인식하고 있다. 그도 그럴 것이 구소련 당시, 전쟁에 관한 연구에 외부 세계의 접근이 제한되어 있어 구소련의 전쟁 수행 과정이 소상히 알려지지 않은 데에 원인이 있다. 그렇다보니 구소련의 역할에 대해 과소평가된 부분이 있을 수 있다.

2차 대전 당시 독일군이 러시아를 공격했을 때 러시아는 결사 항전을 했다. 구전에 의하면 독일군이 러시아 의 고도이자 문화 중심도시인 상트페테르부르크(당시 레닌그라드)를 탈취하기 위해 도시를 완전히 봉쇄하고 집중 공격을 했다. 포위된 주민들은 식량이 부족해지자 인육을 먹기 시작했고, 전투력이 없는 노인을 우선적으로 죽이는 순서까지 정했다고 한다. 또한 모스크바 남쪽에 위치한 스탈린그라드에서의 전투에서 역시 소련군은 독일군에게 막대한 손실을 입히고 결정적인 전투력을 약화시켜 전투를 승리로 이끌었다. 공식적으로는 2차 대전 당시 사망한 소련인의 숫자가 2천 4백만 명이라고 하지만 실제로는 그보다 훨씬 많은 사람이 사망한 것으로 알려져 있다.

러시아 국민들도 소련이 결정적인 역할을 하여 2차 대전이 승리로 끝났다고 알고 있다. 그래서 러시아에서는 이 전쟁을 '위대한 조국전쟁'이라고 부른다. 러시아 정부는 매년 5월 9일을 2차 대전 종전을 기념하기 위한 '승전 기념일'로 정하고 세계 각국의 지도자를 초청하여 성대한 행사를 개최한다. 특히 2005년 5월 9일, 승전 기념 60주년 행사에는 미국의 조지 부시 대통령과 후진타오 중국 주석, 노무현 대통령 등 세계 주요 국가 지도자들이 대거 참여한 가운데 승전 기념행사를 가졌다. 러시아에서 생활하면서 러시아인들의 2차 세계대전 종전에 대한 인식은 우리가 알고 있는 것과는 많이 다르고 그에 대한 자부심이 대단하다는 것을 알 수 있었다.

12

'톨스토이 문학상' 제정의 보람

톨스토이는 러시아의 대문호다. 그는 세계적으로 많이 알려진 〈전쟁과 평화〉, 〈부활〉, 〈안나 카레니나〉등 수많은 걸작들을 남겼다. 톨스토이는 러시아인들에게 문학가 이상의 사상적 정신적인 지도자로서 자리를 잡고 있다. 그는 유산 귀족계급인 영주였음에도 불구하고 농노의 해방 문제나 서민들의 삶을 진지하게 고뇌했던 사람으로 문학인이면서 사상가, 철학자에 가까운 인물이었다. 모스크바 등의 외지에서 살다가 타계하기 직전에 돌아왔던, 그의 대농원 '야스나야 폴랴나'에는 지금도 러시아 인들의 발길이 끊이지 않는다. 지금 그는 농원 뒤 숲 속, 어린 시절 동생들과 술래잡기를 하면서 뛰어놀았던 양지바른 곳에 조용히 누워있다. 유언에 따라 무덤은 비석도 하나 없이 자그마한 흙더미로 되어 있어 방문객들의 꽃들이 없다면 알아보기조차 힘들 정도다. 톨스토이는 러시아인들에게 문학의 아버지라 할 수 있을 정도로 대표적인 인물이다.

무한한 사랑을 받는 톨스토이 외에도 러시아에는 우리에게 친숙한 문인들이 많다. 〈세상이 그대를 속일지라도 슬퍼하지 말라〉의 푸시킨을 비롯하여 도스토예프스키, 고르키 등 수많은 문인들이 있다. 2000년 초, 당시 주 러시아 한국대사관 문화원에서는 러시아가 문학의 대국인 데 착안하여 '문학인의 밤' 행사를 개최하곤 했다. 모스크바를 중심으로 한 러시아 문인들과 문학을 사랑하는 고려인 100여 명이 참석하여 시 낭송회 등 문학관련 행사를 가졌다. 그 행사의 연장선상으로, 한국에 대한 연구의 역사가 긴 러시아에 분명히 러시아어로 번역된 한국 문학작품이 많을 것으로 생각하고 수집하기 시작했다. 약 6개월간 러시아 전역에 있는 한국학 연구소를 비롯하여 각 대학 도서관에 연락하여 러시아어판 한국 문학을 수집하였다. 의외로 성과가 좋아 이미 러시아어로 번역된 약 50종의 한국 문학 작품 가운데, 48권의 책을 구입하거나 기증 받아서 문화원 자료실에 장서로 비치하게 되었다.

한국과 러시아 양국의 문학 교류에 대한 관심이 조금씩 커지고 있는 상황에서, 지금은 작고한 고려인 문인 '아나톨리 김'이 러시아에 한국이 후원하는 문학상을 제정하는 것이 어떻겠느냐고 하는 아이디어를 냈다는 얘기를 당시 공관장으로 부터 들었다. 그렇지 않아도 러시아 근무를 하면서 한국의 대표적인 기업인 삼성과 LG가 러시아에서 계속적으로 비즈니스를 하기 위해서는 상품 매출에만 열중해서는 안 된다는 생각을 갖고 있던 참이었다. 물론 이들 기업들도 당시에 일정부분 공익사업을 하고 있었다. 삼성의 경우 볼쇼이 극장 보수를 위한 기금 모금에 참여한다든가 에르미타주 박물관에 컴퓨터 제공 등 상당한 기여를 하고 있었던 것으로 기억된다. 하지만 민족주의 의식과 폐쇄성이 특히나 강한 러시아에서 우리 기업이 지속적으로 사업을 하기 위해서는 돈만 잘 번다는 이미지를 확실히 불식시킬 필요성이 있다고 생각되었다.

러시아 문학상 제정에 대한 아이디어를 접하고 곧 바로 아나톨리 김을 만나 구체적인 추진 방법에 대해 논의하고 이를 적극적으로 성사시키기로 했다. 많은 문인들을 배출한 문학의 고장임에도 불구하고, 당시 러시아에는 이렇다 할 문학상이 하나도 없었다. 이에 흥분되기도 하고 자신감도 생겨서 톨스토이 문학상 제정에 대한 초안을 만들고 후원사로는 삼성이 적합하다고 판단하여 삼성전자 러시아 법인장을 찾아가 이를 설명하게 되었다. 설명을 들은 삼성 법인장은 아이디어는 좋으나 예산 규모가 본인이 결정하는 수준을 넘기 때문에 서울 본사에 연락을 하고 반응을 알려 주겠다는 것이었다. 그 후 약 한 달이 조금 지났을 때 삼성 측에서 연락이 왔다. 본사에서 한번 추진해 보라는 지시를 했다는 것이었다. 나중에 들은 사실이지만 삼성의 경우 당시 10만 불 이상의 해외 홍보사업은 홍라희 여사가 직접 검토를 하고 결정을 하는 상황이었다.

바로 다음 날, 아나톨리 김을 만나 삼성이 매년 후원하는 톨스토이 문학상을 본격적으로 추진하였다. 매년 문학상을 공지하고 국적에 관계없이 당선작에 대한 상금과 출품작에 대한 인쇄, 그리고 톨스토이 후손들이 모이는 추모 기간인 9월 초 그의 영지 야스나야 폴랴나에서 시상식과 파티를 하기로 했다.

문학상 제정을 위해서는 톨스토이의 박물관장으로 있는 톨스토이 4대 손자 블라지미르 톨스토이와 협의를 거쳐야 했다. 아나톨리 김을 창구로 해서 블라지미르 톨스토이와 문학상 제정을 협의하고 동의를 받아냈다. 그렇게 그 해 2002년, 최초로 '삼성 톨스토이 문학상'을 공지하고 첫 문학상을 주게 되었다. 이후 우리나라 대통령의 러시아 방문 기간이 문학상 수여 기간과 일치했을 때는 영부인이 그 행사에 참석하기도 하였다. 지금도 계속 삼성 톨스토이 문학상은 매년 진행되고 있으며, 양국 관계발전에 기여하는 상징적인 사업으로 자리매김하고 있다.

13

문화 수출을 국가 주력 사업으로

러시아가 문화대국으로 자리 잡기 시작한 것은 18세기 제정 러시아 시기 '예카테리나 여제'가 등극하면서 부터다. 독일 태생인 예카테리나 여제는 당시 프랑스와 서유럽국가들로부터 계몽사상의 도입과 문화를 적극적으로 유입시킨 군주였다. 강력한 리더십으로 러시아를 계몽정치와 문화부흥으로 통치한 지도자였다.

러시아 정부의 문화재 보호 정책은 독특한 양상을 보인다. 러시아에서 구입한 그림이나 골동품들은 반드시 문화부에 신고필증을 받아야만 반출할 수가 있다. 외교관이라 할지라도 입국할 때 신고하지 않고 가지고 들어 온 그림이나 조각 중 가치가 나가는 작품이면 본인 소유임에도 불구하고 출국 시 반출이 안 된다. 러시아 유물이 해외로 반출되는 것을 막는다는 명분으로 그런 작품들을 모두 불법 유통되었거나 도난당한 작품으로 간주하는 것이다. 그렇게 넘어간 물건은 주인이 나타날 때까지 러시아를 떠날 수 없게 되어 있어 사실상은 소유를 포기해야 한다. 러시아가 이렇게 문화재에 집착하는 것도 자국의 문화를 보호하고 문화 산업을 국가의 주력 산업 중의 하나로 생각하고 있기 때문이다.

　근세 소련시절에는 군사무기가 수출 주력 산업이었다. 그러나 소련 붕괴 이후 러시아는 문화 수출을 국가 전략 산업으로 육성하고 있다. 러시아는 모든 장르의 문화예술 방면에서 경쟁력을 가지고 있다. 모스크바에 있는 볼쇼이 극장이나 상트페테르부르크에 있는 마린스키 극장이 외국 관광객으로부터 버는 액수는 상상을 초월할 정도다. 그 뿐만 아니다. 이들 극장은 여름 휴가철에는 세계 곳곳을 돌면서 외화 벌이를 겸한 해외 홍보 활동을 전개한다. 차이코프스키 음악원에서 수학하는 음악도, 그리고 연극, 미술, 발레을 공부하기 위해 러시아를 찾는 세계 각국의 유학생들이 넘쳐난다. 현대 러시아는 실로 문화 강국의 면모를 가지고 있으면서 경제적인 면에서도 문화를 수출하는 것을 주력 사업으로 생각하고 있는 것이다.

14

맥도날드, 유일한 외자 기업으로 생존

　　　　　　　　러시아에서 외자 기업이 성공하기란 너무 어렵다. 형식적으로는 개혁개방과 시장경제체제를 도입했지만 공정한 시장의 원리가 작동되지 않고 있는데다, 국가 경제를 이끄는 대부분의 기업이 소련에서 넘어 온 국유기업이 거대 재벌로 형태로 변신하여 시장을 지배하고 있기 때문이다. 게다가 언론 상에서도 자주 등장하여 마피아로 통칭되는 '올리가르흐'가 러시아 경제를 좌지우지한다. 독과점 형태로 이들은 시장을 지배하고 각종 이권을 독차지하는데, 이로인한 이권 다툼이 폭탄 테러나 요인살인 등 폭력 형태로 자주 나타나기도 한다.

　때문에 이러한 기업 환경에서 외국 기업이 정상적인 활동을 하고 이익을 창출하기는 힘들 수 밖에 없다. 설사 이익을 창출한다 해도 각종 규제로 인해 수익을 자국으로 유출시키기는 더욱 어렵게 되어 있다. 심지어 외국 자본이 들어와 비즈니스를 잘 한다 싶으면 수단과 방법을 가리지 않고 그 기업을 빼앗아 버리기 때문에 어지간한 외국 기업들은 러시아에 들어와 기업 활동을 하기가 힘들다.

그런데 이 와중에 성공하고 있는 기업이 미국 국적의 패스트푸드 점인 맥도날드다. 먹을거리가 풍족치 못한 러시아에서 맥도날드가 어린 아이나 학생들에게 인기가 있는 것은 당연한 일이지만, 외국 기업이 서기 힘든 러시아에서 비즈니스를 계속 할 수 있는 것은 맥도날드만의 경영 철학이 있기 때문이다. 특히 러시아에서 낸 수익을 러시아 내에서 학교 등의 육영 사업에 재투자한다는 조건을 잘 따르기 때문이라고 한다. 이렇게 상호간의 호혜정신을 바탕으로 하는 맥도날드의 경영방식을 우리 기업이나 국가기관들도 충분히 벤치마킹할 필요가 있다고 생각한다. 세계에서 가장 큰 맥도날드 가게가 바로 모스크바에 있으며, 현재에도 성업 중이다.

15

'한-러 친선 특급 사업'을 통해 한국 이미지 확산

한-러 친선 특급 사업은 한러 수교 12주년을 맞아 양국 간 친선을 도모하고 이해를 심화시키기 위해 한국 대사관과 외교통상부가 주관하고 러시아 연방정부가 후원하는 형태로 추진한 사업이다. 한국 측으로서는 러시아 횡단 철도가 이동하는 지방 도시를 돌며 한국을 알리는 한편 참가하는 한국인들로 하여금 러시아를 제대로 알게 하자는 목적이 있었고, 러시아 입장에서는 러시아 횡단 철도(Trans Siberia Railroad; TSR)와 한반도 철도를 잇는 국책 사업을 순조롭게 추진하는데 도움을 줄 것으로 믿고 추진되었다. 이 사업은 약 2주간 러시아 동쪽 끝인 블라디보스토크에서 출발하여 서쪽 끝인 상트페테르부르크까지 약 9,940km의 거리를 대륙 횡단 철도를 이용하여 달리면서, 러시아 주요도시에서 정차하여 경제 문화 등 각종 한-러 친선 행사를 개최하는 사업이었다.

러시아 한국대사관은 행사 2년 전부터 예산 확보 등 치밀한 계획을 세우고 러시아 정부의 협조를 구했다. 당시 러시아로서는 한반도 횡단철도(TKR)와 시베리아 횡단철도(TSR) 연결 사업에 많은 공을 들이고 있었던 터였다. 러시아 철도부는 2002년 7월 16일부터 약 2주간 러시아 횡단 철길을 열어주고, 열차도 임대해 주기로 결정하였다. 우리 대사관은 한-러 친선 특급 열차에 탑승할 인사로 학계, 언론계, 정관계, 대학생 등 각계각층으로 구성된 260여 명을 선발하고, 2002년 7월 14일 대한항공 전세기편으로 서울을 출발하여 블라디보스토크에 도착했다. 다음 날 연해주 독립운동의 근거지였던 '신한촌'에서 역사적인 한-러 친선 특급사업의 발대식을 가졌다.

행사진행 요원을 포함하여 한국인 약 300명을 태우고 달릴 열차는 19량으로 구성되어 있었고, 전량이 페인트 냄새가 날 정도로 도색과 정비를 막 끝낸 새 열차였다. 기차 19량 중 14량이 객차이고 3량이 식당 칸, 1량은 짐칸으로 배정되어 있었다. 블라디보스토크를 출발한 열차는 단숨에 14시간을 달려 첫 기착지인 하바롭스크에 도착했다. 하바롭스크 역 광장에는 주 정부인사와 민속 복장을 한 러시아인들이 나와 전통적인 방식으로 우리를 깍듯하게 손님으로 맞아주었다. 군악대의 연주가 요란하게 연주되는 가운데 열렬한 환영 행사는 도착하는 역마다 계속되었다.

한-러 친선 특급 사업에는 기업 간담회, 한국영화제, 사진전, 김덕수 사물놀이, 한러 대학생 참가 유스 페스티벌로 구성되어 있었다. 첫 도착지인 하바롭스크에서부터 모든 사업들이 순조롭게 진행되었고, 많은 성과를 거양했다. 문화행사 중 영화제나 사진전은 행사를 할 도시에 선발대가 미리 가서 사전 준비를 하고 본대가 도착하면 개막식을 하고 며칠간에 걸쳐 진행하였다. 또한 김덕수 사물놀이패 일행 25명은 열차와 함께 이동하면서 주요 도시에서 총 9회 공연을 했다.

하바롭스크에서 밤낮없이 62시간을 계속 달려 바이칼 호수가 있는 이르쿠츠크에 도착을 했을 때는 시베리아 벌판위의 붉은 태양과 저녁노을이 장관을 이루었다. 바이칼 호수는 세계 담수의 20%나 될 정도로 거대하다. 호수의 크기도 크지만 수심이 깊어, 제일 깊은 곳은 1.6km에 이른다. 바이칼 호수는 청정 호수로서 그 물은 음료수로도 사용될 정도다.

바이칼 호수 일대에는 러시아 소수민족 중 하나인 브리야트 족이 살고 있다. 현재 지역 주민의 약 35%나 되는 브리야트 족은 생김새나 생활 풍습이 우리 한민족과 너무나 흡사하다. 우리 한민족의 기원을 바이칼 호수 주변이라고 주장하는 학설을 충분히 뒷받침 할만하다. 바이칼 호수에 도착한 김덕수 사물놀이패는 당초에 계획에도 없었던 즉석 노제를 올리자는 제안을 해왔다. 바이칼 호수변의 관광 상품을 파는 노천시장의 일부를 이용하여 임시 무대를 설치하고 화려한 야외공연을 했다. 그 주변을 지나던 러시아 행인들과 외국 관광객들이 지켜보는 가운데 우리민족의 무궁한 발전과 남북통일을 기원하는 축문을 바이칼 호수를 향해 힘차게 읽었던 기억이 아직도 생생하다. 남북통일이 되면 김덕수 사물놀이패와 함께 다시 바이칼 호수를 찾아 우리 민족의 또 다른 염원을 외치고 싶다.

이르쿠츠크를 출발한 열차는 노비시비리스크, 예카테린부르크에 도착하여 하루씩 머물면서 한국을 알리고 양국 간 친선을 도모하는 행사들을 가졌다. 러시아의 수도인 모스크바에 도착한 한국 대표팀은 크렘린 궁전에 초대되는 영광도 누렸다. 크렘린 안 대극장에서 열린 환영회에 이어 한국 사물놀이 공연으로 한-러 친선 특급 사업은 절정에 이르게 되었다. 러시아 민속 음악 연주와 함께 한 김덕수 사물놀이 공연은 크렘린 대극장을 뜨겁게 달구었다.

모스크바를 떠난 열차는 최종 목적지인 상트페테르부르크에 도착했다. 상트페테르부르크에서는 조선시대 고종황제가 보낸 이범진 공사의 추모비 제막식이 준비되고 있었다. 한국 대표단 일행은 모두 제막식에 참석하고 조선 말기 비운의 한국역사를 되돌아보았다. 이렇게 장장 20여 일 간 걸친 러시아 대륙횡단 열차사업은 한 건의 사고도 없이 상트페테르부르크에서 한국의 긍정적인 이미지를 러시아에 각인시키며 성공적으로 대단원의 막을 내리게 되었다.

Part 4

천혜의 자연을 가진
브라질

Brazil

1. 우리에겐 미지의 대국인 브라질 | 2. 유럽과 남미의 만남, 브라질 사람들 | 3. 낮은 교육 수준으로 인한 맨 파워 빈국 | 4. 공권력에 도전하는 조직범죄 | 5. 브라질의 골칫거리 빈부 격차 | 6. 축구의 나라 브라질 | 7. 브라질의 녹색 황금, 사탕수수 | 8. 브라질 경제를 위협하는 볼리비아의 자원 민족주의 | 9. 남미 공동체 건설의 헤게모니 | 10. 룰라 브라질 대통령의 장기 국가 비전 | 11. 지구 반대편에서도 파이팅 하는 코리아

01

우리에겐 미지의 대국인 브라질

브라질은 남미 대륙에서도 대서양쪽으로 치우쳐 있어 환태평양에 위치한 우리와는 교류가 적다. 그렇기 때문에 대국인데도 불구하고 다소 거리감이 느껴지는 국가다. 방대한 국가규모의 브라질이 남미대륙은 물론 세계무대에서 가지는 국가 위상을 우리는 제대로 인식하지 못하는 것 같다.

브라질 영토는 한반도 크기의 약 40배로, 남미 대륙 전체의 47%를 차지한다. 인구는 전체남미대륙 인구의 절반인 약 1억 8천만 명(세계 5위)에 이른다. 산림을 비롯하여 철광석, 천연가스, 석유 같은 광산물과 농산물(수출 세계 1위) 등 천연자원의 부국이다. 그 큰 국토 거의 전부가 모두 경작이 가능할 정도의 비옥한 토질로 되어 있다.

러시아, 캐나다, 중국, 미국 등 대부분의 큰 국가들이 국토는 넓어도 면적의 상당 부분이 사막과 산악지형이거나 습지로 되어 있어 경작지로 적합하지 않은 지역이 많다. 이에 반해 브라질은 산악이나 사막도 거의 없는 비옥한 토지로 구성되어 있다.

브라질의 수도는 브라질리아로, 인구 약 50만 명 정도의 작은 도시다. 주변 위성도시까지 합쳐야 200만 명 정도가 된다. 브라질리아는 공무원, 정치인, 외교관들이 생활하는 철저한 소비형 도시다. 브라질리아는 국토를 균형적으로 발전시키기 위해 1960년대 당시 수도였던 남쪽 해안의 도시 리우데자네이루에서 내륙지방으로 이전한 계획도시로서 행정수도이다. 수도가 되어 도시다운 면모로 발전할 것을 예상했으나 당초의 기대와는 달리 행정기능을 수행할 정도만 될 뿐 정상적인 도시로서의 기능을 하기에는 부족했다. 이제는 세계문화유산에 등록되어 더 이상의 개발도 사실상 불가능한 상태다.

브라질은 농업국이면서 축산업 국가다. 특히 태양이 연중 뜨거운 탓에 과일의 생산량도 많고 맛이 좋다. 바나나, 파파야, 수박, 망고, 라임, 코코넛 등이 풍부하고 한국에서는 보지 못한 이름도 생소한 열대과일이 즐비하다. 길에 널린 가로수가 망고나무여서 길을 가다가도 주렁주렁 달린 망고를 따먹을 수 있을 정도다. 쇠고기 생산량도 많은 나라다. 그러나 기후 탓에 아르헨티나처럼 부드러운 쇠고기를 만나기는 어렵다. 이들의 농산물 도매시장인 농산물유통센터(CEASA)를 우리나라가 벤치마킹하기도 했다.

이러한 천혜의 자연 조건을 갖춘 나라가 못산다는 것이 이상할 정도다. 그래서 하나님이 지구를 만들어 놓고 보니 브라질이 너무 살기 좋은 곳이라서 사람들은 좀 모자라게 만들어 놓았다고 하는 우스갯말도 있다.

02

유럽과 남미의 만남, 브라질 사람들

　　　　　　　브라질은 국토의 크기만 클 뿐 아니라 사람들의 체격도 큰 편에 속한다. 그럼에도 불구하고 생활양식은 포르투갈, 이태리, 독일 등 유럽 이민자들의 문화유산에 영향을 받아서인지 아기자기한 문화를 이루고 산다. 아파트 평수도 작고 도로망도 답답한 편이다. 가장 즐겨 타는 자동차 역시 아담한 느낌의 폭스바겐 골프(GOLF), 혼다 시빅(CIVIC), 토요타의 코롤라(COROLLA) 등이다.

　브라질은 남미에서 유일하게 서반아어가 아닌 포르투갈어를 사용하는 국가다. 그러나 사람들의 특성은 남미의 다른 나라와 거의 비슷하여 매사에 느리다. 핑계대기를 좋아하고, 무슨 일이든 약속한 시간 내에 잘 이뤄지지 않는다. 일을 시킬 경우에는 계속해서 독촉을 해서 주의를 주거나 아니면 아예 포기하고 기다려야 한다.

　브라질 하면 떠오르는 것이 삼바 축제다. 매년 2월이면 남쪽 해변 대도시인 리우데자네이루나 상파울루에서는 대규모 삼바 축제가 열린다. 각 지역 삼바학원에서 일 년 내내 준비를 하여 축제가 이뤄진다. 세계각국에서 관광객들이 카니발을 보기 위해 모여들고 퍼레이드를 보기위해서 스타디움 입장권을 1년 전 부터 예매해야 한다. 축제에서 빼놓을 수 없는 것이 바로 삼바 춤을 추는 브라질의 아름다운 여자들이다. 브라질 사람들은 브라질 여자들이 미인인 것을 굉장히 자랑스럽게 생각하고, 미인일 수밖에 없는 이유를 다음과 같이 설명한다. 얼굴은 포르투갈 조상들의 미인형을, 몸매는 아프리카 흑인들의 엉덩이 형태, 피부는 원주민 인디오의 초콜릿 피부색을 물려받았다는 것이다. 이들 구성 요소가 어떻게 조합이 되느냐에 따라 다르겠지만, 브라질 미인들이 세계적인 경쟁력을 갖췄다는 점은 틀림없다. 브라질에 이렇게 미인이 많은 것도 브라질 사람들의 생활양식처럼 서로 다른 세계가 만나 절묘한 조화를 이뤘기 때문인 것 같다.

03

낮은 교육 수준으로 인한 맨 파워 빈국

사회주의적 성향을 가진 브라질도 의무교육을 실시하고는 있으나 전반적으로 공교육이 부실하다. 국공립학교의 경우 고등학교 학생들도 오전 수업만으로 일과가 끝난다. 그래서 일부 부유층 자제들은 아예 사립학교나 국제학교에 다닌다. 사립학교는 서민들은 엄두도 내기 힘든 비싼 등록금으로, 그런 학교를 다니는 학생들은 서방식 엘리트 교육을 받고 자란다. 브라질을 이끌어 가는 소수 지배층 역시 이렇게 엘리트 교육을 받은 사람들이다. 문맹률은 13%로 남미에서도 높은 편에 속한다. 이 때문에 서민들의 입장에서 교육을 통해 신분을 바꾸거나 빈곤의 악순환을 끊는 것이 불가능에 가까운 국가가 바로 브라질이다.

교육환경 또한 열악하다. 기본적으로 초등학교의 재원은 시정부가, 고등학교 재원은 주정부가, 대학교 재원은 연방 정부가 조달 지원하도록 되어 있으나 전국 총 162,727개 초등학교 가운데 TV/VIDEO가 비치된 학교가 27,338개교(16.8%), 인터넷이 설치된 학교가 32,523개교(20.0%)이고, 고등학교의 경우 총 23,561 개교 중 TV/VIDEO가 비치된 학교가 13,264개교(56.3%), 인터넷 설치 학교가 15,749개교(66.8%)다.

2006년도 브라질 교육부 자료에 의하면 초등학교 교사들의 평균 봉급은 월 U$ 250, 고등학교 교사들은 평균 U$ 450 수준이다. 전반적인 생활수준을 고려하더라도 이 정도 급여로는 우수한 인력이 교사라는 직업을 선택할 리가 없고, 설사 교사가 되더라도 사명감을 갖고 학생들을 지도하기를 기대하기 어려운 상황이다.

거기에 더해 브라질 학생들은 스승에 대한 존경심도 없고 스승의 권위도 인정하지 않는다. 과거 식민지 시대와 군사 독재정권 시대를 거치면서 생긴 국민들의 피해의식과 저항감이 오늘날 교육 현장에서 사제 간의 도의(道義) 실종과 교사의 지시에 대한 반항의식으로 표출되고 있다고 현지 교육 종사자들은 설명한다.

최근에 브라질이 새 천년에 들어 가장 급속히 발전하고 있는 '브릭스(BRICs) 국가'로 분류되면서 국가 경쟁력과 경제발전에 관한 논의가 활발해지고 있다. 결론은 지금보다 나은 브라질의 발전이 현재의 브라질 교육으로는 불가능하다는 것이다. 브라질 정부는 천연자원이 부족하면서도 선진국 대열에 들어서는 한국의 눈부신 성장이 한국의 교육에 있다는 사실에 주목하고 한국의 교육을 벤치마킹하려고 노력하고 있다.

전직 외교관 출신으로서 한국의 발전상을 잘 알고 있는 브라질리아 문화부장관 페드로 보리오(Pedro Borio)는 브라질이 꼭 배워야 할 것 중의 하나가 한국의 교육이라고 말한 바 있다. 2005년 2월 브라질 시사주간지 〈베자(Veja)〉지는 교육에 관한 한국인들의 교육열과 한국의 우수한 교육 제도를 특집 보도로 구성하여 극찬한 적이 있을 정도다. 그래서인지 브라질에서는 어디에서 누구를 만나든 한국 교육에 대한 칭찬과 관심을 과분할 정도로 듣게 된다. 이런 극찬과 더불어 우리나라의 교육을 벤치마킹하고 새로운 교육 제도를 도입하려는 브라질이 과연 '맨 파워 빈국'이라는 오명을 벗고, 교육 강국으로 거듭날 수 있을지 앞으로의 귀추가 주목된다.

04

공권력에 도전하는 조직범죄

　　　　　　　　브라질의 격심한 빈부격차는 필연적으로 치안 불안을 수반한다. 특히 상파울루, 리우데자네이루 등 대도시에는 브라질 빈민촌인 파벨라(Favela)가 버젓이 자리 잡고 있다. 파벨라는 공권력이 미치지 못할 정도의 범죄 소굴이다. 거리의 행인이나 관광객들에게 강도짓을 하는 것은 보통이고 버스나 아파트를 통째로 털 정도로 범행이 대담하다.

　2006년 5월에는 상파울루 일대가 무법천지가 된 적이 있다. 브라질 최대 조직범죄단체 '제1도시군사령부(PCC)'가 상파울루 인근지역에 수감 중인 대원들을 상파울루에서 멀리 떨어진 곳으로 이감시킨 데 앙심을 품고 기관총과 수류탄으로 무장하여 경찰서, 술집 등을 무차별 공격하고 상파울루 인근 지역을 무정부 상태로 몰아넣었다. 경찰당국은 PCC가 경찰서 191곳을 공격하고 73개 교도소에서 폭동을 일으켜 132명이 사망하고 49명이 부상을 당했으며 PCC대원 115명이 체포된 것으로 밝혔다.

여기서 심각한 문제는 폭동이 조직적으로 대규모 확산된 데에 수감자와 경찰 및 공안요원의 연계도 한 몫을 했다는 것이다. 브라질의 경우 경찰에 대한 예우가 열악하여 경찰의 신분으로 사설 공안요원 활동을 하는 경우가 허다하다. 경찰이 공권력을 집행하는 민중의 지팡이가 되지 못하고 있는 것이다. 수감자들의 휴대 전화 소지가 금지되어있음에도 불구하고 뇌물을 받은 교도관들이 이를 사용하게 한 것 또한 지적되었다. 이렇게 휴대 전화가 사태를 동시다발적으로 일으켜 피해를 확산시킨 주된 원인으로 작용한 것이다. 당시 일부 브라질 언론보도에 따르면 사태 종결을 위해 정부 당국자와 주범인 PCC 두목 마르콜라(Marcola) 간에 모종의 협상이 있었다고 할 정도로 브라질 조직범죄집단의 힘은 막강하여 국가의 공권력을 위협할 정도다.

05

브라질의 골칫거리 빈부 격차

 브라질에서는 아파트나 주택에 예외 없이 방과 화장실 등 메이드(가정집 하녀)를 위한 공간이 별도로 마련되어 있다. 심지어 그들이 이용하는 엘리베이터와 통로도 따로 마련되어 있다. 21세기 문명사회에서 아직도 신분에 따른 차별이 존재하고, 이를 자연스럽게 받아들이는 흥미로운 사회가 브라질이다.

 브라질은 국민의 2%가 국부(國富) 50%를 차지할 정도로 빈부격차가 심한 국가다. 상파울루 주립대학 마르시오 포쉬만 교수는 그의 연구에서 1980년부터 2000년까지 20년 동안 브라질 인구 1000만 명이 중산층에서 저소득층으로 전락했고 그 중 70%는 생활수준이 크게 악화되었다고 밝혔다. 이와 같은 현상이 일어나게 된 주요 원인은 국내시장을 개방하면서 불어 닥친 신자유주의 물결(Neo-Liberal Wave) 때문이다. 브라질 중산층의 비율은 1970년에서 1980년대 경제개발이 한창일 때 최고조에 달했으나 1980년대에 31.7%에 이르던 중산층이 2000년대에는 27.1%로 떨어졌다고 브라질 국립지리통계원(IBGE) 또한 밝힌 바 있다. 브라질 정부의 노력에도 불구하고 중산층이 지속적으로 줄어들어 양극화 문제가 심각하게 대두되고 있음을 알 수 있다. 브라질을 브릭스(BRICs)의 한 국가로 지목한 골드만삭스의 2004년 보고서나 최근에 발표된 '프라이스워터하우스 쿠퍼스' 보고서에 의하면 브라질은 2050년에 중국, 미국, 인도와 함께 세계 4위의 경제규모를 차지할 것으로 예측하고 있다. 국제적인 경제 단체들의 브라질 성장 가능성에 대한 예측이 적중하기 위해서 사회 양극화 문제는 반드시 먼저 극복해야 할 과제다. 브라질의 빈부격차에는 경제적인 요인 외에도 역사적, 사회적 배경이 있다. 브라질은 16세기 국가의 틀이 잡히면서부터 신분과 인종적 양극화가 구조적으로 형성되어왔다. 1500년대 브라질 대륙이 발견된 이후 염료의 일종인 파우 브라질(Pau Brasil), 사탕수수 채취와 금광 채광을 위한 포르투갈의 식민지로 개척되면서 농노와 노예 계층이 형성됐다. 이때부터 신분의 차이에 따른 양극화 현상이 토착화된 것이다. 그러면서 백인, 흑인, 인디오 등 인종 간 경제사회적 지위의 차등이 구조화되었다. 더욱이 인프라가 부족하면서 국토는 거대한 브라질은 사회적 유동성이 제약되어 지역 간 불균형을 초래할 수밖에 없었다. 기후 조건이 좋은 남부 해안지역은 산업화되어 백인 중심의 부유한 지역으로 발전한 반면 중북부 내륙지방은 혼혈민족과 원주민들의 농업지역으로 발전이 늦어진 것이다.

브라질 현직 룰라 대통령은 2003년 하층민의 전폭적인 지지로 당

선되었고, 취임하자마자 기아와의 전쟁을 선포했다. 룰라 대통령 정부의 '포미 제로 프로그램(Fome Zero Program)'은 브라질 국민 전체의 3분의 1을 차지하고 있는 기아선상(飢餓線上)에 놓여 있는 국민들을 구원하는 프로그램이다. 이 밖에도 브라질 정부는 각종 사회 안전망을 위한 필요한 재원 확보를 위해서 조세 개혁도 추진하였으나 기득권층의 강력한 저항에 부딪혀 상당부분 왜곡, 변질되고 큰 성과를 거두지 못했다. 연방정부, 주정부, 시정부 간 조세체계의 마찰과 세율의 차이로 조세 개혁을 통한 재원 마련, 소득 재분배, 양극화 해소가 한계에 봉착하게 된 것이다.

한편 브라질 정부의 만성적인 재정 적자 요인에는 연금제도가 자리하고 있다. 연금을 위한 재정규모가 GDP의 13%를 점하고 있어 사회주의적인 요소가 많은 브라질에서도 연금제도가 가난을 대물림하도록 만드는 주범으로 인식되고 있다. 이러한 연금제도 개혁이 시급한 과제임에도 불구하고 정치인, 공무원 중심의 기득권층 집단과 노조의 저항으로 성과를 거두지 못하고 있는 실정이다.

2003년 룰라 대통령의 취임 초기, 사회개혁에 거는 브라질 국민들의 기대는 대단했었다. 그런데 소외계층 축소와 양극화 해소를 목표로 하는 많은 개혁 정책들이 모두 기득권층과 노조의 저항으로 인해 미치고 못하고 있는 것이다. 특히 브라질의 경우 구조화된 사회계층으로 인해 국민들의 공감대 형성이 쉽지 않다는 점이 또 하나의 난관이다. 빈부 격차를 극복하기 위한 기득권층의 양보와 더불어 사는 국민적 공감대가 그 어느 정책보다 먼저 형성되어야 개혁과 국민통합, 장기적인 성장이 가능할 것으로 보인다.

06

축구의 나라 브라질

세계 최강의 실력을 자랑하는 브라질 축구를 보면 브라질에서는 애 어른 할 것 없이 동네마다 축구하는 모습을 쉽게 볼 수 있을 것이라고 생각할 것이다. 그러나 브라질 어디서도 축구하는 모습을 쉽게 볼 수가 없다. 브라질 사람들은 주로 클럽에서 축구를 하기 때문이다. 클럽은 회원들만을 위한 체육시설과 휴양시설을 갖추어 놓은 일종의 사교장소다. 브라질 축구연맹에 등록되어 연중 경기 성적에 따른 랭킹이 정해지는 클럽이 약 367개나 된다. 이들 중 상위 10위까지의 랭킹 팀은 거의가 상파울루, 리오데자네이루 등 대도시에 소속을 두고 있고, 나머지는 전국 26개 주에 분산되어 있다.

브라질 사람들의 축구에 대한 열정을 TV에서도 느낄 수 있다. 브라질에서는 TV를 켜면 24시간 축구 중계를 한다. 그것도 2~3개 채널에서 각각 다른 경기를 중계한다. 또 시내 어느 곳에서나 "고~~올(Goal)" 하고 외치는 소리를 듣게 된다. 이런 함성도 30초 가까이 되도록 길게 외쳐야 중계를 잘 한다는 말을 듣는다고 한다.

　브라질의 국가 브랜드는 축구다. 브라질 사람들은 4년마다 찾아오는 월드컵이 열리는 해를 다른 어떤 나라보다 더 간절하게 기다린다. 역대 월드컵에서 5번 우승을 한 나라가 바로 브라질이다. 월드컵이 열리는 6월은 온 나라가 축제 분위기여서 사실상 휴업이나 다름없다. 대형 브라질 국기가 도처에 걸려 있고 모든 상가에는 만국기가 펄럭인다. 자동차에도 소형 브라질 국기를 꽂고 달린다. 한국이 붉은 물결이라면, 브라질은 초록과 노란색의 물결이다.

　우리나라의 태권도처럼, 축구가 국기(國技)인 브라질은 6월 한 달은 축구를 위해 관공서, 학교, 은행, 기업, 거리의 상점들이 모두 정상적인 업무를 하지 않는다. 지난 2006년 독일 월드컵 당시 한 여론 조사기관이 브라질 기업들을 대상으로 실시한 조사 결과는 이를 잘 설명한다. "브라질 경기가 있는 날 직원들의 결근을 허락하겠다"가 18%, "고용원들을 위해 사내 대형 스크린을 설치하겠다"가 54%, "근무 시간 중 브라질 경기 청취를 허락하겠다"가 17%로 나타났다.

　정부기관도 마찬가지다. 언론 보도에 의하면 브라질 연방정부는 브라질 경기가 있는 날은 공무원들의 반나절 근무를 결정한다. 공립학교도 브라질 예선 경기가 있는 날은 휴교를 한다. 대형 상점의 경우에도 브라질 경기 30분 전에 문을 닫고 경기 종료 30분 후에 다시 문을 열고, 은행도 경기 시간을 피해 근무 시간을 조정한다고 고객들에게 공지를 한다. 통상 브라질은 예선 세 경기만으로 끝나지 않는다. 계속되는 경기에도 브라질 국민들의 축구 사랑 또한 그 열정이 식지 않는다.

　브라질 축구는 삼바 축구다. 한국 여자 골프가 미국 LPGA를 휩쓰는 이유를 한국인들의 젓가락 문화에서 찾듯이 브라질 사람들은 브라질 축구가 세계 최고인 이유를 '징가(Ginga)'라는 몸놀림에서 찾는다. 젓가락 문화에서 정교함이 나온다면 징가에서는 유연함이 나온다. 이는 몸을 전후좌우로 자유자재로 움직이는 동작으로, 브라질 사람들의 몸은 아프리카인들의 유전인자가 남아있어서 그런지 아주 유연하다. 흥겨운 음악만 나오면 때와 장소를 가리지 않고 자연스럽게 몸을 흔들어 대는 것이 바로 징가다. 그런 징가는 바로 삼바 문화에 뿌리를 두고 있다. 삼바는 브라질 식민지시대에 아프리카에서 유입된 흑인들의 문화다. 지금도 삼바는 브라질을 대표하는 대중문화의 맥으로 이어져 오고 있다.

　브라질 축구에는 유별난 기록들도 있다. 1950년 브라질이 월드컵 개최국이면서도 인접국인 작은 나라 우루과이에게 결승전에서 패배해 준우승을 한 쓰라린 경험이 바로 그것이다. 지금도 우루과이 사람들이 언쟁에서 수세에 몰리면 축구 이야기로 브라질 사람들의 기를 죽인다고 한다. 또 브라질은 역대 월드컵에서 가장 많이 우승한 국가이면서 올림픽에서는 한 번도 우승을 하지 못한 나라기도 하다.

　브라질 국민들이나 정치인들에게 축구는 스포츠 이상의 의미가 있다. 2006년 5월 초 볼리비아와 브라질 간의 가스 분쟁이 최고조에 달했을 때 오스트리아 빈에서 개최된 정상회담에서 브라질 룰라 대통령이 볼리비아 모랄레스 대통령에게 양국의 정부 인사들로 구성된

팀으로 축구나 한 번 하면서 가스 협상을 하자고 제안했을 정도로 대통령을 비롯한 정치인들도 축구를 자주 화두로 삼는다. 일반 서민들의 대화에서 축구가 빠지지 않는 것은 말할 것도 없다.

우리나라 LG와 삼성이 브라질에서 축구를 통한 마케팅 또한 성공적이다. 브라질에서 휴대 전화, 냉장고, 에어콘, PDP, LCD 등 가전 시장을 장악하고 있는 우리 기업들이 브라질 최고의 축구팀을 후원하고 있는 것이다. 삼성전자가 브라질 리그에서 우승한 명문 축구팀 꼬린치안스(Corinthians)를 후원하고 있고, LG전자도 이에 뒤지지 않는 축구팀인 상파울루(Sao Paulo)를 후원하고 있다. 우리나라의 사랑스러운 기업인 LG와 삼성은 브라질 국민들이 가장 좋아하여 삶의 일부가 된 축구 후원에서도 용호상박(龍虎相搏)을 이루면서 한국과 자신들의 브랜드를 브라질 전역에 널리 알려나가고 있는 것이다.

07

브라질의 녹색 황금, 사탕수수

사탕수수(Sugarcane)만큼 인류에 공헌하는 바가 큰 식물도 드물 것이다. 사탕수수로부터 생산되는 제품은 매우 다양한데 그 중 우리에게 가장 많이 알려진 것이 설탕과 에탄올(Ethanol) 성분의 알코올이다. 이 밖에도 브라질 현지인들에게는 없어서는 안 될 생필품인 주스 가라파, 술 카샤샤, 과자류 하파두라 역시 사탕수수를 원료로 해서 만든다. 또 동물사료인 라이신과 종이 원료인 펄프를 생산하고 남은 찌꺼기는 발전용 땔감으로 활용한다. 쓰임이 다양할 뿐 아니라 버릴 것이 하나 없는 식물이다.

브라질은 세계 최대의 사탕수수 생산국이면서 세계 최대 수출국이기도 하다. 현재 경작 면적은 550만 헥타르(ha)로, 약 320개의 가공 공장을 가동하고 약 백만 명의 고용효과를 창출하고 있다. 사탕수수 생산량은 연간 약 3억 톤에 이르는데, 그 중 48%로 국내 또는 수출

용 설탕을 제조하고 나머지 52%로는 에탄올을 생산한다. 브라질의 설탕 수출 물량 또한 세계 1위다.

　브라질에서 사탕수수의 본격적인 재배가 시작된 것은 1532년 포르투갈 사람들에 의해서다. 브라질 남부 해안지방인 지금의 상파울루 주 인근 상 빈센치 지역에서 재배하기 시작하여 점차 브라질 북동쪽으로 경작지가 크게 확대되면서 마침내 최대의 사탕수수 공급국이 되었다. 1933년에는 상파울루 주와 리오데자네이루 주 간 경쟁으로 인한 과잉 생산에서 오는 가격 폭락을 막기 위한 통제 기구(Brazil's Sugar and Alcohol Institute, IAA)를 설치 운영할 정도였다.

　1920년대에 이미 브라질은 세계 최초로 사탕수수에서 추출한 알코올을 자동차 연료로 사용하기 시작했고, 1970년대 두 차례에 걸친 유류 파동을 겪으면서 본격적인 개발에 박차를 가해 왔다. 한때 신차의 90%까지 알코올 자동차의 점유율을 보였으나 80년대 중반 이후 유류가 하락으로 점차 줄어들었다. 그러나 브라질은 알코올 자동차가 이미 대중화되었다.

　2003년에는 휘발유와 알코올을 임의적으로 혼합해도 아무 문제가 없는 신기술(Duel-Fuel 또는 Flex-Fuel)이 개발되면서 다시 사탕수수에서 추출하는 알코올이 대체 에너지로서 각광받기 시작했다. 소비자들이 고유가 시대에 휘발유 값의 약 60% 수준인 알코올을 선호하는 것은 당연하다. 그런 선호의 결과가 바로 2006년 기준 신차의 약 75%를 차지하고 있는 휘발유와 알코올 혼용 자동차다. 브라질은 연간 5억 톤의 에탄올을 증산할 능력을 갖추고 있다. 이는 매년 10만 대씩 알코올 자동차가 증가하여도 공급이 가능한 연료에 해당된다.

사탕수수와 에탄올은 환경 친화적 작물이자 에너지다. 사탕수수 재배는 비료와 살충제 등 화공약품을 거의 사용하지 않아도 된다. 뿐만 아니라 알코올 자동차는 1992년 브라질 리오환경회의에서 채택된 교토 의정서(Kyoto Protocol)가 요구하는 수준을 밑도는 CO_2 배출량을 가지고 있어, 생산국인 브라질은 이산화탄소 신용 수출국이 될 전망이다.

사탕수수 재배는 태양 에너지가 농산물인 사탕수수를 거쳐 에탄올로 재생산되는 과정이라 할 수 있다. 사탕수수 1톤으로 생산하는 에탄올은 1.2배럴의 유류에서 얻을 수 있는 에너지와 동등하다고 한다. 사탕수수는 매년 재생산이 가능한 에너지원인 셈이다. 브라질 정부는 향후 50년 화석 에너지가 고갈될 경우에 대비한 대체 에너지로서 이를 바라보고 있다. 에너지 자급자족과 에너지 안보 확보를 위해서 브라질 정부는 사탕수수에서 추출하는 에탄올 개발과 생산에 집중할 뿐만 아니라 국제사회에도 적극적인 마케팅을 하고 있다.

브라질은 미국과 에탄올 공동 연구 개발을 위한 프로젝트를 발족시켰고 일본과 중국도 이미 브라질 에탄올 시장에 뛰어 들었다. 브라질은 사탕수수 생산 능력 및 기술을 바탕으로 대체에너지로서의 에탄올에 대해 자국의 경쟁력을 확보하고 상대적 우위를 유지해 나가고자 부단히 노력하고 있다. 브라질은 축복 받은 천연 자원인 사탕수수를 다각도로 활용하면서 더 많은 황금알을 낳는 거위로 만들고 있는 것이다.

08

브라질 경제를 위협하는
볼리비아의 자원 민족주의

    2006년 5월 1일, 볼리비아 모랄레스(Morales) 대통령은 '자원 국유화 조치'를 선언했다. 대표적인 남미 좌파정권인 볼리비아는 모든 에너지 관련 외국기업들에게 기업 활동을 전격 중단하고 본국으로 철수하거나 그렇지 않으면 볼리비아 정부의 지시에 전면 따르도록 하라는 내용을 발표하였다.

 브라질은 가스 소비량의 약 60%를 인접국인 볼리비아에서 수입해서 쓴다. 브라질의 연간 가스 소비량 4천 2백만 큐빅미터(m^3) 중 2천 6백만 큐빅미터를 볼리비아에 의존하고 있다. 대통령 발표 직후 볼리비아 군대가 브라질의 최대 석유회사인 페트로브라스(Petrobras) 현지공장을 점거하는가 하면 거리에서는 볼리비아 국민들의 지지데모가 있었다. 반면 브라질 국민들은 룰라 대통령이 그간 볼리비아 모랄레스 대통령과 베네수엘라 차베스 대통령에게 너무 고분고분하게 행동해서 이러한 사태까지 발생한 것이 아니냐는 비난을 하고 있었다.

관측통들은 남미 최빈국인 볼리비아가 남미 최대 강대국인 브라질을 향해 큰소리칠 수 있는 것은 베네수엘라의 차베스 대통령이 배후에서 조종을 하고 있기 때문으로 보고 있다. 좌파정권이 우세한 남미에서 비교적 온건하고 시장경제 친화적인 브라질 룰라 대통령과 쿠바의 카스트로-베네수엘라의 차베스-볼리비아의 모랄레스로 이어지는 연대 간의 대결구도가 형성되는 것이다.

오일달러로 배가 부른 베네수엘라 대통령 차베스가 남미지역에서 브라질을 제치고 맹주가 되어보겠다는 야심을 키워오면서, 볼리비아의 모랄레스를 앞세워 브라질 룰라 대통령을 흔들고 있는 형국이다. 브라질 최대 일간지 폴랴 데 상파울루(Folha de Sao Paulo)는 2006년 5월 12일자 사설에서 브라질과 볼리비아는 더 이상 이웃 국가로서 우호적인 관계가 어렵게 되었다고 지적하고, 베네수엘라의 차베스와 같은 인물이 있는 이상 브라질이 추구하는 남미 자유무역협정 추진 협상도 물 건너갔다고 진단했다.

브라질 룰라 대통령으로서는 이러지도 저러지도 못하는 진퇴양난(進退兩難)의 어려운 처지에 놓이게 된 것이다. 남미 종주국으로서의 체면을 세우자니 가스 수입 가격이 올라가게 될 것이고, 그렇지 않으면 협상테이블에서 이들에게 저자세로 임해야 할 것이기 때문이다. 더욱이 그동안 브라질 정부가 고유가 시대를 대비해 가스 사용을 권장해 왔다는 점에도 문제가 있다. 예컨대 브라질 영업용 자동차는 거의 모두 가스 자동차다. 브라질 일각에서는 룰라 대통령이 협상에서 보다 강력하게 나갈 것을 주문하기도 한다. 그렇지 않으면 볼리비아 모랄레스 밑으로 들어가게 될 것이라고 극단적인 주장을 하기도 했다.

볼리비아 모랄레스 정부의 가스 국유화 조치는 가스 가격 상승을 노린 에너지문제로 발단 되었으나 사실은 남미의 오랜 정치풍토인 포퓰리즘(Populism)과 자원 민족주의를 내세운 남미에서의 헤게모니 장악 게임으로 보는 시각이 우세하다. 지금도 남미국가들 사이에는 경제통합의 움직임과 국익을 앞세운 자원 민족주의가 함께 전개되는 복잡한 상황이 놓여있다.

09

남미 공동체 건설의 헤게모니

남미국가들의 경제 블록이 될 남미공동체 건설에 주도적인 국가는 브라질과 베네수엘라다. 남미 대륙에서 영향력이 가장 큰 브라질과 중남미 좌파 이념의 대부인 쿠바의 카스트로를 멘토로 받들고 있는 베네수엘라가 오일달러의 힘을 바탕으로 기 싸움을 하고 있는 형국이다.

남미에는 경제공동체인 남미공동시장 메르코수르(Mercosur)가 있다. 1985년 브라질과 아르헨티나 경제협력체로 시작한 남미공동시장은 1991년에는 우루과이와 파라과이가 추가되어 회원국이 4개국으로 되었다. 그러다 2006년 6월 베네수엘라가 추가 회원국으로 가입하면서 현재 정회원국은 5개국이다. 그리고 볼리비아, 칠레, 콜롬비아, 에콰도르, 페루가 준 회원국으로 되어 있다. 메르코수르는 남미시장을 하나로 묶어, 대외적으로는 미국과 EU등 세계 거대 경제권과 협상력과 균형을 유지하기 위해서, 대내적으로는 회원국들 간 관세동맹과 자유무역을 활성화하기 위해서 조직된 공동체다.

당시 메르코수르는 출범한지 15년이 지났음에도 제대로 기능을 하지 못하고 있는 상황이었다. 이런 상황에서 국제사회에서 오일달러를 무기로 갖가지 돌출행동을 하고 남미대륙에서도 브라질을 제치고 지역 맹주가 되기 위한 행보를 계속해오고 있는 유고 차베스(Hugo Chavez) 대통령의 베네수엘라가 회원국으로 발을 들여 놓았다. 메르코수르 입장에서는 새로운 변수가 생긴 것이다.

일각에서는 벌써 차베스가 남미공동시장을 정치적으로 이용할 우려가 있다는 지적이 나오고 있다. 그는 남미에서도 대표적인 반미주의자다. 남미공동시장의 회원국 자격으로서 운신(運身)의 폭이 강화된 그의 행보가 남미는 물론 세계 질서에도 적잖은 변수로 작용할 것으로 보이기 때문이다. 다른 한편에서는 베네수엘라의 오일머니가 남미공동시장을 활성화하는데 일조할 수도 있다는 관측을 하기도 한다. 경제난을 겪고 있는 아르헨티나, 파라과이, 우루과이 등 회원국들에게 경제 지원을 할 것으로 예상되기 때문이다.

반면, 브라질은 남미공동시장 내에서 정치, 경제적으로 단연 주도국이다. 룰라 현직 대통령도 지나칠 정도로 남미공동시장에 연연하고 있다. BRICs 국가 중에서 가장 낮은 성장률을 기록한 것 등 브라질의 경제정책 실패에 대한 국내 비판 내용에는 남미공동시장에 얽매어 있지 말고 주요 경제권과 개별자유무역협정(FTA)을 체결하기를 종용하고 있다. 하지만 룰라 대통령은 남미공동시장을 기반으로 경제발전과 경제협력을 도모하는 정책 노선을 계속 고집하고 있다.

룰라 대통령은 장차 볼리비아, 쿠바, 멕시코 까지 남미공동시장 회원국으로 가입시켜 외연을 넓혀가고자 하고 있다. 또 그는 남미공동시장을 기반으로 미주자유무역기구(ALCA) 가입 및 세계 신흥개도국(G-20)과의 결속을 다지고자 한다.

그러나 인구 약 3억 명에 연간 GDP가 1조 달러 이상에 이르는 남미공동시장이 아직은 제 역할을 하지 못하고 표류하고 있는 상황이다. 그 원인으로는 첫째, 회원국 간의 심한 무역 불균형과 그로 인한 무역 마찰, 둘째, 일부 회원국의 경제 위기와 환율 제도의 급격한 변화에 있다. 가장 치명적인 원인으로는 2002년부터 시작된 아르헨티나 경제의 몰락을 꼽을 수 있다. 역내 두 번째로 큰 규모의 아르헨티나 경제 위기가 직간접적으로 회원국들과의 경제 교류에 영향을 미쳐 오고 있는 현실이다.

또한 공동시장으로서의 최근 실패사례로는 회원국인 아르헨티나와 우루과이간의 펄프공장 건설 계획에 대한 분쟁이 있다. 양국 국경 지역에 우루과이가 외자유치를 통한 펄프공장 건설 계획을 세웠으나 아르헨티나 정부가 공해를 이유로 반대해 추진이 제대로 안 되고 있다. 다른 실패 사례로는 앞서 이야기 했던 브라질과 볼리비아간의 가스 분쟁이 있다. 볼리비아 모랄레스 대통령이 천연자원의 국유화 조치 선언을 함으로써 천연가스를 볼리비아 수입에 크게 의존하고 있는 브라질은 한때 에너지 위기를 맞기도 했다. 남미는 이처럼 복잡한 갈등들로 둘러싸여 한시도 바람 잘 날이 없기 때문에, 브라질을 비롯한 어떤 한 국가가 주도권을 쥐고 남미 공동체를 건설한다는 것은 아직은 요원한 일로 보인다.

10

룰라 브라질 대통령의 장기 국가 비전

 루이스 이나시우 룰라 다 실바(Luiz Inacio Lula da Silva)대통령은 2007년 1월 1일 제39대 브라질 대통령으로 취임했다. 노동자당(PT) 소속의 룰라 대통령은 2003년 1월 1일 집권 이후 4년간 사회주의 정책노선으로 브라질을 이끌어 온 온건좌파 성향의 인물이다.

집권 2기를 맞는 그가 취임식 연설에서 던진 화두는 '성장과 통합'(Growth and Inclusion)이다. 지속적이고 안정적인 성장 기조를 계속 유지하면서 빈부의 격차를 줄여 나가는데 역점을 두겠다는 정책의지를 천명한 것이다. 성장과 분배의 두 마리 토끼를 모두 잡겠다는 의지를 바탕으로 그는 취임사에서 치안 확보와 일자리 창출, 그리고 교육의 질 향상에 역점을 둘 것임을 강조했다.

한편 룰라 집권 제2기 행정부는 포퓰리즘과 거리를 두겠다고 약속

했다. 그러나 정치적 기반을 빈곤층과 저소득층에 두고 있는 그가 제1기 행정부 시절 입안한 '극빈자 보조금(Bolsa Familia)' 제도와 같은 빈곤층 지원제도를 어떻게 줄여나갈지에 대해서는 의문을 갖게 한다. 룰라 대통령은 대선 기간 중 어느 자리에서 "사람이 60세가 가까워지면 좌도 우도 아닌 중도를 가게 된다"고 하여 룰라 대통령을 좌파 성향의 인물로 인식하고 있던 많은 사람들을 놀라게 한 적도 있다.

룰라 브라질 정부는 미래 비전 수립을 선언한 뒤 사회적 통합을 위한 대통령 산하 국가전략위원회를 두고 국가 장기 비전 'Project Brazil 3 Moments'를 발표했다. 3단계 국가발전 장기 전략은 2007년, 2015년, 2022년에 걸쳐 단계적으로 나뉘어 있다. 2007년을 시작 년도로 하여 2015년, 2022년 2단계에 걸쳐 목표를 달성해 나간다는 전략이다. 룰라 대통령의 2기 새 정부가 출범하는 2007년, UN '밀레니엄 회의'가 개최되는 2015년, 그리고 브라질 독립 200주년이 되는 2022년을 각각 이정표로 잡고 있다.

'Project Brazil 3 Moments' 국가 비전은 앞으로 15년의 기간 동안 지속적이고 민주적인 절차를 통해 만족할 만한 경제 성장과 사회 발전을 이룩하여 그 혜택이 인종과 지역에 차별을 두지 않고 사회 각 계층에 골고루 돌아가게 하는데 목표를 두고 있다. 브라질 전략위원회가 선정한 50개 국가 비전 사업의 근간은 교육 문제 개선과 사회 통합, 그리고 바이오 에너지 개발이다. 한때 대한민국의 공공외교를 위해 애정을 갖고 근무했던 근무지인 브라질이 룰라 대통령이 가지고 있는, 장기적인 비전을 바탕으로 대중들의 눈치를 보지 않고, 사회 통합과 국가 발전의 반석을 만들겠다는 의지에 의해 잠자고 있는 사자와 같은 브라질이 앞으로 얼마나 혁신적으로 바뀌어 질 것인지 자못 기대가 되는 바다.

11

지구 반대편에서도 파이팅 하는 코리아

　　　　　　　　브라질은 우리와 정반대편에 위치한 아주 먼 나라지만 이곳에서도 우리나라 동포들이 맹활약하고 있다. 브라질을 전진 기지로 한 삼성전자와 LG전자의 남미 수출 시장은 효자 노릇을 톡톡히 한다. 매년 생산 설비를 확장해도 이들 시장의 수요를 충족시킬 수 없을 정도로 남미 시장에서 우리 전자제품들은 인기가 높다. 전자제품에 이어 현대자동차도 2006년 현지 공장을 준공하는 등 남미 시장의 교두보 확보에 노력하고 있다. 브라질리아에서 자동차로 약 2시간 정도의 거리에 위치한 도시 아나폴리스(Anapolis) 외곽에 50만평 규모의 아나폴리스 현대자동차 조립공장이 건설되었다.
　브라질 자동차 산업의 특징은 자국 고유 브랜드가 없고 거의 모든 외국 브랜드의 자동차가 자국에서 조립, 생산되고 있다는 것이다. 소형차 위주이기는 하지만 브라질 공장에서 생산된 유럽, 미국, 일본 자동차 브랜드가 브라질 거리를 누비고 다닌다. 그 중에서도 일본 혼다와 토요타의 소형차가 인기가 높다. 이런 점에 비해 사실 자동차 수출에 관한 한 우리의 남미시장 진출은 때늦은 감이 있다. 약 10여년 전 우리 아세아자동차 사기사건만 없었더라도 우리 자동차 브랜드도 진작 들어가게 되었을 것이고, 이들과 충분한 경쟁력을 갖추었을 것이라며 자동차업계 전문가들은 아쉬워한다. 하지만 늦은 만큼 보다 더 철저히 준비한 경쟁력 있는 상품으로 승부한다면 충분히 승산이 있을 것이라고 생각한다.

상파울루 시 봉 헤찌로(Bom Retiro) 지역은 우리 동포들의 생활 거점인 코리아타운이다. 봉 헤찌로와 인근 브라스 지역은 의류산업 중심지다. 이 의류산업을 우리 동포들이 장악하고 있다. 이들 지역에는 약 1천 5백 개 정도의 의류업체가 우리 동포들에 의해 운영되고 있다.

우리 동포의 약 80%가 종사하는 의류업계는 브라질과 남미 시장의 중저가 시장을 완전히 주도하고 있으며 일부 고급의류는 미국과 유럽으로도 수출한다. 특히 우리 동포 2세들이 의류업계를 이어가면서 이태리 등에서 디자인을 본격적으로 공부하고 돌아와 의류업계에 새로운 바람을 일으키며 패션계를 선도하고 있다. 최근 중국의 저가 의류상품의 수출이 늘면서 우리 동포들의 주력사업인 의류업계에 약간의 영향은 있겠지만 상품의 고급화 등을 통해 난국을 충분히 극복해 나갈 것으로 보인다. 이렇게 지구 반대편에서도 맹활약하는 한국 기업과 한국인들의 모습이 대한민국이라는 우리 국가의 브랜드를 제고할 것임은 틀림없는 사실이다.

Part 5

사람대접 받는 나라
캐나다

Canada

1. 미국과 같은 듯 다른 나라 | 2. 나라가 둘로 쪼개질 뻔했던 순간 | 3. 캐나다 원로 기자와의 추억 | 4. 토론토대학과 요크대학의 한국학 관련 프로그램 설치 | 5. 캐나다 최대 박물관에 '한국실' 설치

01

미국과 같은 듯 다른 나라

캐나다는 러시아에 이어 영토가 세계에서 두 번째로 큰 나라. 한반도 크기의 45배나 되는 넓은 국토에 인구는 고작 3천만 여명으로 인구밀도가 낮은 국가다. 사람이 귀해서인지 사람이 사람대접을 받는 나라라는 느낌이 든다. 시골에서 여행자들이 길을 물으면 자기 자동차로 앞장서서 행인을 목적지까지 데려다 주는 캐나다인들을 아직도 종종 볼 수 있다.

캐나다는 이민자들을 많이 받아들인 다민족 국가다. 다양한 문화와 인종으로 구성되어 있는 캐나다는 이를 복합 문화주의로 육성 발전시키고 있다. 인구분포는 영국계, 프랑스계가 주류를 이룬 가운데 자메이카 등 중남미계와 중국계 이민자들이 많은 것이 특징이다. 특히 1997년 홍콩 반환을 앞두고 중국으로의 귀속에 불안을 느낀 중국계 이민자들이 밴쿠버, 토론토 등으로 대거 이민을 왔다. 그 후 상당수는 다시 홍콩으로 되돌아갔으나, 90년대 초중반에는 중국계 이민자들이 연간 10만 명 이상에 이르렀다. 토론토 등의 대도시 외곽에는 중국인 도시가 하나씩 생기곤 했다.

역사적으로 캐나다는 독립국가로 성립될 때부터 미국과는 달랐다. 미국이 영국과의 전쟁을 통해 독립을 획득하고 미합중국을 탄생시킨 데 반해, 영국과 전쟁을 원하지 않은 왕당파가 북쪽으로 올라가 나라를 세운 것이 캐나다. 그래서 캐나다는 아직도 영연방 국가로 남아 있다.

이런 캐나다는 인접국인 미국보다 국토의 면적이 넓으나 국력이나 경제 규모는 비교도 안 될 정도로 작다. 미국으로서는 국경을 마주하고 있는 캐나다의 전략적 중요성 때문에 캐나다의 방위비를 상당 부분 부담해오고 있다. 국방비의 상당 부분을 미국이 부담해주기 때문에 캐나다는 국가 재원을 사회보장비 등에 전용할 수가 있다. 또한 캐나다 경제는 제조업을 중심으로 거의 모든 부문에서 미국에 의존하고 있다. 중화학 공업이나 자동차 산업 등 제조업 분야에서 캐나다 고유 브랜드는 거의 찾아보기 힘들며, 공산품의 경우 대부분이 미국 상표의 캐나다 현지 공장 생산 제품이거나 수입품들이다.

과거에 미국과 캐나다는 항상 국제무대에서도 함께 보조를 해왔다. 미국이 나서기 거북한 사안에는 캐나다가 먼저 행동을 옮기는 사례도 있었다. 그러나 9.11 사태 이후 미국이 아프가니스탄 공격과 이라크 전쟁을 일으키면서 캐나다는 미국과 다른 목소리를 내며 거리를 두기 시작했다.

경제적인 면에서 미국에 의존적일 수밖에 없지만 국가 태생의 역사가 달라서인지 미국에 대한 캐나다인들의 감정은 별로 좋지 않다. 겉으로 보기에는 미국 문화와 미국인들의 생활과 비슷해 보이지만 캐나다인들 중에는 미국 문화에 거부 반응을 보이는 국민들이 생각보다 많다. 여기에는 인접 국가이면서 열세의 위치에 있는 캐나다 국민들의 열등의식이 십분 작용한 것으로 보인다.

02

나라가 둘로 쪼개질 뻔했던 순간

연방국가로서 캐나다의 가장 큰 고민은 퀘벡 주의 분리 독립 움직임이었다. 퀘벡 주는 캐나다 대륙의 동쪽에 위치한, 캐나다에서도 가장 큰 주로, 프랑스의 식민지였으나 1763년 파리 조약에 의해 영국이 프랑스로부터 할양받은 땅이다. 그래서 주민의 80% 이상이 불어를 사용하며 영어는 거의 통하지 않는 소위 '캐나다 내의 프랑스'다.

퀘벡 주의 분리 독립을 주장하는 정당인 퀘벡당은 수시로 분리 독립을 위한 법안을 제안하거나 분리 독립을 위한 주민 투표를 연방정부에 요구해왔다. 1992년 연방정부 하에서 퀘벡 주의 자치권을 확대해서 캐나다 연방에 남도록 하는 헌법개정안이 부결되어 분리 독립 운동 열기가 최고조에 달했다. 이에 퀘벡 주 분리 독립을 퀘벡 주 주민 투표로 결정하기로 하고, 1995년 주민투표를 실시했다. 투표 결과,

분리 독립 반대 50.56%, 찬성 49.44%로 아슬아슬하게 분리 독립이 좌절되었다. 이 일은 미국을 위시한 세계 이목의 집중을 받았다.

주민 투표 당시 캐나다 정치권과 국론은 영국계와 프랑스계로 양분되었고, 소련 연방이 붕괴되듯 캐나다 연방도 공중 분해되는 듯 했다. 퀘벡 주를 제외한 영국계 주요 도시 주민들과 언론에서는 분리 독립을 반대하기 위해 버스까지 대절해서 퀘벡 주에서 응원 캠페인을 벌이기도 했다.

당시에는 퀘벡 주가 분리 독립된다면 연쇄적으로 캐나다 서부의 일부 다른 주들까지 분리 독립이 이뤄질 가능성을 배재 할 수 없던 상황이었다. 그 후 1998년 재차 투표에서는 59%의 퀘벡 주 주민들이 분리 독립을 반대하여 당장은 이 문제가 수면 아래로 사라졌다. 그러나 캐나다 연방 주의 특성상 주 정부가 연방 정부보다 주민과의 결속성이 강하고, 특히 퀘벡 주의 경우 문화와 언어가 여타 지역과 완전히 다르기 때문에 분리 독립 움직임의 가능성은 여전히 잠재되어 있는 상황이다.

03

캐나다 원로 기자와의 추억

지금은 은퇴를 하고도 남을 연배인, 토론토 유력 일간지 토론토 스타(The Toronto Star) 경제부장을 지낸 데이비드 크레인(David Crane)이라는 유명한 고참 기자가 있었다. 데이비드 크레인 기자는 기자로서의 능력은 말할 것도 없고 인품도 아주 훌륭한 분이었다. 전화를 걸어 부재중일 경우 메시지를 남기면 꼭 회신을 하는 보기 드문 기자였다. 한국에도 방문하여 취재를 했고, 그 후 긍정적인 한국 경제 기사를 많이 써 주기도 하였다.

1993년 11월 APEC 회의가 정상회담으로 승격되고 미국 시애틀에서 처음으로 열렸다. 당시 재임했던 김영삼 대통령도 물론 참석했다. 대통령이 해외 순방을 하게 되면 인근 지역 홍보관들 몇 명이 행사장이 있는 곳으로 출장을 가서 공보지원을 하게 된다. 필자도 시애틀에 도착하여 그 곳 외신프레스센터를 들렀는데 그곳에서 데이비드 크레인 기자를 우연히 만났다. 객지에서 만난 것이 기쁘기도 하고, 한국 대통령의 행사 참석과 우리 경제에 대한 자료를 설명하기 위해 다음날 숙소 호텔에서 조찬을 함께 하기로 했다.

서양 식당에서 손님 접대를 해 본 경험도 부족한데다 나보다 연배가 많은 원로 기자를 대접하는 것이라 초대한 사람이 좋은 메뉴를 시켜야 손님인 기자도 마음 편하게 메뉴를 고를 것이라 생각했다. 그래서 조찬인데도 불구하고 내가 먼저 비교적 정식에 가까운 메뉴를 선택했다. 그런데 그 기자는 예상과는 달리 간단한 메뉴를 선택하는 것이었다. 순간 아차 싶었지만 이미 주문한 메뉴를 바꿀 용기도 순발력도 없었다.

그렇게 시작된 조찬은 결국 내가 먼저 식사가 끝난 원로 기자를 기다리게 하는 형국이 되었다. 바쁜 기자를 앞에 앉혀 놓고 식사를 중단할 수도 없고, 계속하자니 진땀이 났다. 그러나 캐나다 신사 기자는 식사가 다 끝날 때까지 기다려줬다. 그 일이 있은 후 어려운 손님과 식사 할 때, 특히 바쁜 기자들과 식사를 할 때는 절대로 먼저 메뉴를 정하지도 복잡한 메뉴를 선택하지도 않게 되었다. 실수를 통해 기자를 대하는 요령을 터득했을 뿐만 아니라 캐나다 원로 기자의 넉넉한 인품에 감탄한 사건이었다.

미국과 캐나다 등 소위 언론의 자유가 많은 국가들은 언론인들에게 적용되는 윤리 강령이 엄격하고, 기자들은 이를 철저히 지키려고 노력한다. 이런 국가의 기자들은 특별한 뉴스거리가 있거나 개인적으로 인연이 없는 경우 외국에서 온 외교관이나 정부 관리들을 만나기를 기피하는 경향이 있다. 취재를 위해 꼭 필요한 경우가 아니면 식사 초대를 하기는 더욱 어렵다. 기자 입장에서 취재를 위해 식사 초대에 응한다 해도 다음번엔 기자가 반드시 식사를 초대를 하는 경우가 많다. 이러한 연장선상에서 우리 정부가 외국의 기자를 국내로 초청 할 경우도 이들은 윤리강령을 들어 거절하는 경우가 많이 있다. 특히 미국이나 캐나다 언론인들이 더 심한 편이다.

04

토론토대학과 요크대학의 한국학 관련 프로그램 설치

　　　　　　　　　토론토는 캐나다에서 가장 큰 도시다. 캐나다의 수도는 오타와지만 경제와 문화의 중심지는 토론토다. 그래서인지 우리 교민들이 가장 많이 살고 있는 도시 또한 토론토다. 한 때는 퀘벡 주 몬트리올에도 우리 교민이 많이 거주했지만, 1990년대 불어권 지역의 분리 독립운동이 한창이었을 때 이들 교민들이 영어권인 토론토로 대거 이주하면서 우리 교민들이 활동하는 중심지가 되었다. 당시 토론토는 반정부 인사와 친북 인사들이 왕성한 활동을 하던 곳이기도 했다. 그래서 교민 사회도 항상 복잡하고 시끄러웠다.
　　토론토에는 캐나다 최고의 명문인 토론토대학과 요크대학이 있다. 당시에 토론토대학은 미국을 포함한 북미지역 대학 중 한국학 역사가 가장 오래될 뿐만 아니라 성공적으로 교육하는 대학으로 이미 알려져 있었다. 때문에 당연히 한국국제교류재단으로부터 매년 일정액의 지원을 받고 있었다. 문제는 한국인 교수를 중심으로 한 대학 측과 교민사회 후원 단체의 알력이 도를 넘고 있는 것이었다.

한국국제교류재단의 지원금 관리 문제를 두고 학교 측과 재단간의 갈등이 교민사회 전반에 걸쳐 불화의 씨앗으로 번지는 상황이 되자 급기야 한국국제교류재단이 재정지원까지 중단하는 결정을 내리는 사태가 발생하게 되었다. 당시만 해도 해외 유수 대학들이 한국학을 개설하고 국제교류재단으로부터 지원받기 위해 줄을 서있는 상황이어서 재단에서도 굳이 불화가 있는 대학에 지원할 필요성이 없다고 판단했던 것이다.

비슷한 시기에 토론토에서 두 번째로 큰 대학인 요크대학에서는 한국문학을 전공한 미국인 여교수 한 분이 한국문학과 한국문화 과정을 개설하고, 국제교류재단으로부터 지원을 받게 되었다. 규모는 토론토대학보다 크지 않았지만 요크대학의 한국학 지원 결정 과정에는 별다른 잡음이 없었다.

이처럼 우리 정부기관이나 단체가 교민 사회를 지원할 때는 신중을 기해야 한다. 잘못하면 교민 사회에 불화를 일으키거나 교민사회의 자생력을 약화시킬 수 있다. 주재국 대학이나 박물관등 단체에 지원하는 경우는 약간 다르기는 하지만, 지원 받는 기관의 해당 사업을 후원해오던 기존의 후원 단체가 있기 마련이다. 이들 단체는 나름대로 기존의 영향력을 행사하려고 하고 있기 때문에 이들의 상황을 잘 파악하지 않고 지원할 경우, 오히려 교민사회의 갈등을 더 증폭시키고 지원하는 사업의 성공도 보장할 수 없게 되는 상황이 될 수 있다.

05

캐나다 최대 박물관에 '한국실' 설치

토론토 시내 중심가에는 6백만 점 이상의 소장품을 보유한 캐나다 최대 박물관 로열 온타리오 박물관(Royal Ontario Museum)이 자리하고 있다. 이 박물관은 특히 세계적으로 중국 소장품이 많기로 유명한 박물관이다. 이 박물관에 한국 유물을 상시적으로 전시 할 수 있는 한국실(The Gallery of Korea)을 설치하는 것을 꿈꿔 온 우리 동포들이 있었다. 그리고 그들의 오랜 숙원 사업이었던 한국실이 1996년에 드디어 만들어지게 되었다.

해외 유수 대형 박물관에 한국실을 설치할 경우, 총 소요 경비의 절반 정도는 해당 국가 기관 또는 동포사회에서 마련하고 나머지 기금은 박물관 측에서 부담하는 매칭 펀드(Matching Fund) 형태로 추진되는 것이 일반적이다. 때문에 토론토 로열 온타리오 박물관에 한국실을 설치하기 위해 동포 사회에서도 수년간 기금 모금을 했었다.

지금은 고인이 된 캐나다 한국미술진흥협회 이사장 황대연 박사를 중심으로 동포 문화예술계의 뜻 있는 인사들이 1995년까지 수십만 불의 기금을 모았다. 당시 국내 한국국제교류재단에서도 해외 박물관 한국실 설치에 적극성을 보이고는 있었지만 세계 여러 박물관이 지원 요청을 해 둔 상태였기에 토론토 박물관에 지원이 된다는 보장은 없었다.

그러던 중 아주 우연한 기회에 캐나다의 한 할머니가 한국의 국보급 고려청자와 이조백자 등을 수십 점 소장하고 있다는 사실을 알게 되었다. 더욱이 본인이 타계하기 전에 이 소장품들을 박물관 등에 기증할 용의가 있다는 정보도 접하게 되었다. 그 분이 바로 조지 해리스(Mrs. George G. R. Harris) 여사다. 즉시 연락을 취했으나 처음에는 방문을 거절당했다. 여러번 한국 문화홍보관 직함으로 요청한 결과, 해리스 여사가 그녀의 아파트로 방문할 것을 허락해주었다. 어느 국가에서나 문화홍보관 직함은 저명한 문화계 인사들에게 쉽게 접근할 수 있는 유용한 명함으로 작용을 한다.

해리스 여사의 아파트는 돈 많은 노인들이 주거하는 토론토 중심가의 고급스러운 독신자 아파트였다. 토론토에도 경제력이 있는 노인들은 단독주택보다는 보안성이 확보되는 고급 아파트에 많이 살고 있다. 해리스 여사의 아파트도 여느 고급 아파트와 마찬가지로 출입이 제한되는 곳이었다. 안내를 받아 들어선 아파트 내부의 가구나 집기들, 그리고 손님에게 대접하는 차와 쿠키에서 영국적인 분위기가 물씬 풍겼다.

여사는 생전 캐나다에서 가장 유명했던 건축가의 외동딸로, 만났을 당시 이미 90세가 넘은 노인이었다. 최고로 공손한 예의를 갖추면서 거실에 전시되어 있는 한국 도자기들에 대해 조심스럽게 물어보았다. 젊었을 때부터 유복했던 해리스 여사는 1930년대를 전후해 친구와 함께 뉴욕으로 여행을 갔다가 골동품 시장에서 우연히 발견한 한국 고려청자의 아름다운 색깔에 매력을 느끼기 시작했다고 설명했다. 그 후 프랑스 파리 등 세계 여러 곳을 여행하면서 한국의 고려청자, 분청자기, 이조백자를 수집했다는 것이다. 한국 도자기의 매력이 무엇이냐는 질문에 그녀는 중국과 일본 도자기와 다른 은은한 색깔이 너무나 좋다고 했다. 장식장에 비치된 50여 점의 도자기들은 아마추어의 눈에도 보물급으로 보였다.

　어렵게 방문한 차에 결례를 무릅쓰고 소장품들을 한국으로 돌려보낼 의향은 없느냐고 물었더니, 모든 소장품들을 합법적으로 구입한 것이기 때문에 한국으로 돌려보내지는 않겠다는 것이었다. 다만 본인이 언제 세상을 떠날지 모르니, 캐나다인들이 누구나 볼 수 있는 공공의 장소라면 소장품들을 모두 기증을 하겠다고 하였다. 당시에 토론토 로열 온타리오 박물관에 한국실 설치가 현안으로 있었기에, 박물관에 한국실이 설치되면 그 곳에 기증받을 수 있겠다는 생각이 들었다. 박물관 내 한국실 설치도 중요한 일이었지만 해리스 여사가 소장하고 있는 국보급 유물을 타계하기 전 기증받아 놓아야지 그렇지 못한다면 한국의 귀한 유물들이 어디로 사라질지도 모른다는 걱정이 앞섰다.

　그래서 서둘러 해리스 여사의 유물에 관한 내용을 본국 정부와 국제교류재단에 보고하고 다른 한편으로는 국내 모 신문에 해리스 여사의 한국 유물 소장에 관한 뉴스를 보도하게 하는 등 온타리오 박물관 내에 한국실 설치를 서둘렀다. 다행스럽게 국제교류재단에서 그 해에 현지 실사를 와 지원 심의를 거쳐 로열 온타리오 박물관 한국실 설치 예산을 지원키로 결정했다. 박물관 측과 함께 국제교류재단으로부터 통보 받은 사실을 해리스 여사에게 설명하여 소장품을 박물관 한국실에 기증키로 하는 약속을 받아냈다. 그렇게 하여 토론토 로열 온타리오 박물관에 한국실이 설치되었고, 해리스 여사가 평생에 걸쳐 수집하고 보관해 온 한국 국보급 유물들도 세상으로 나와 빛을 보게 되었다. 지금도 박물관 1층에 자리한 한국실에는 해리스 여사가 기증한 도자기를 포함하여 고가구 등 한국 유물 260여점이 전시되고 있다는 생각을 하면 홍보관으로서 큰 보람을 느낀다.

Part 6

강대국들도 국가 **브랜드** 관리를 중시하다

Brand

1. 미국 | 2. 중국 | 3. 독일 | 4. 영국 | 5. 일본

01

미국

미국의 국가 브랜드 관리는 주로 해외공보처를 중심으로 이루어져왔다. 아이젠하워 전 대통령 재임 해인 1953년에 해외공보처(United States Information Agency, USIA)가 독립된 기관으로 창설되면서 본격적으로 공공외교 활동을 전개한 것이다. 이후 미소간의 냉전 시기에 미국은 다양한 프로그램을 통해 미국의 가치와 정책에 대한 이해와 지지를 확보해왔다. 특히 레이건 대통령은 어느 역대 대통령보다 해외공보처가 가진 기능과 역할의 중요성을 인식하고 적극적으로 지원하여 공공외교에 괄목할 성과를 거두었다.

이 시기에 USIA는 외교안보 분야로 참여의 폭을 넓히고 업무의 영역도 확대하였다. USIA는 미국 행정부와는 독립된 대통령 직속 기관으로서 국무부의 지원을 받지만 업무는 대통령에게 직접 보고하는 식의 채널을 확보하고 있었다. 또한 USIA 처장은 외교안보와 관련된 국가안전보장회의(National Security Council, NSC)에 CIA국장 및 합참의장과 함께 정규 멤버로 참석하였다.

하지만 냉전이 종식되면서 냉전시대 이념대립에 첨병 역할을 했던 해외공보처의 공공외교에 대한 관심이 줄고 업무 중요성에 대한 인식도 떨어졌다. 그러다 1998년 외무개혁구조조정법(Foreign Affairs Reform and Restructuring Act of 1998)에 의거, 클린턴 정부 시기인 1999년 10월 1일 대통령 직속 독립기관이었던 USIA가 미국의 외교 업무 담당 부서인 국무부로 편입되었다. 그 후 신설된 공공외교 및 공보담당 차관(Under Secretary for Public Diplomacy and Public Affairs)이 관장하는 상태로 오늘에 이르고 있다.

9.11 사태 이후, 부시 행정부는 이슬람 문화권인 중동지역을 공공외교의 타깃 지역으로 설정하고, 이들 국가를 대상으로 재원과 인력을 크게 보강하는 한편 새로운 해외 홍보 사업을 위해 라디오 방송 및 위성 방송 등을 신설하였다. 또한 2005년 3월, 부시 대통령은 자신의 최측근인 카렌 휴스(Karen Hughes)를 공공외교 차관으로 앉히는 등 중동지역을 중심으로 한 공공외교에 많은 비중을 두었다.

이렇게 미국의 가치, 문화, 정책에 대한 외국 국민들의 인식을 증진시켜 궁극적으로는 미국의 국익을 꾀하는 USIA의 활동 범위는 매우 넓다. 미국의 소리(Voice of America)를 비롯한 방송에서부터 워싱턴 파일(Washington File)등 간행물의 배포, 풀브라이트(Fulbright Program) 교육문화 교환 프로그램 운영 등이 그 대표적인 예다. 이 밖에도 강연회 및 세미나 개최, 전시회와 박람회 개최, 외국 언론 취재

지원 및 보도자료 배포, 외신 모니터링과 분석, 자료 조사 및 개인적 접촉에 이르기까지 다양하고 광범위한 사업과 활동을 펼치고 있다.

한편 미국이 USIA를 미 국무부로 통합한 것에 대한 평가는 엇갈린다. 긍정적인 평가는 공공외교의 궁극적인 목표가 미국의 외교정책을 효율적으로 수행하기 위함이라는 사실에 주목한다. 공공외교를 전담하는 부서가 국무부내에서 외교정책 부서와 협조체제를 구축하고 외교정책 수립 과정의 초기 단계부터 적극적으로 개입할 수도 있어 효과적이라는 것이다. 반면 USIA가 독립된 기관으로 존속하면서 USIA 처장이 공공외교를 책임감 있게 지휘 통솔하고, 보고체계 역시 국무부장관을 거치지 않고 대통령과 CIA, 국방부 등과 협조하는 것이 보다 효율적이라는 반대되는 평가도 있다. 특히, 국무부로 이관한 이후 9.11 사태가 발생하면서 USIA의 국무부 통합에 대한 문제점이 강하게 지적되었다.

이 외에도 미국은 공공외교를 위한 특별위원회(The Special Planning Group on Public Diplomacy)를 구성, 운영해왔다. 미국 정부부처의 홍보활동을 조율하고 민간부문의 외교활동을 지원하는 등 효율적인 공공외교를 돕는 것이 이 위원회의 주목적으로, 과거 우리 정부의 국가 이미지위원회나 현재 국가 브랜드위원회와 유사한 기능을 하고 있다. 국무장관, 국방장관, USIA처장, 국제개발기구 원장, 백악관 부공보석 등으로 구성된 이 위원회에서 모든 공공외교의 방향이 기획 조정되는 것이다.

02

중국

중국의 적극적인 해외 홍보 역사는 비교적 짧다. 1949년 신중국 건설 이후 '죽의 장막' 속에서 중국은 대만을 대상으로 하는 체제 홍보 외에 다른 국가홍보는 전개하지 않았다. 흔히 중국의 외교를 도광양회(韜光養晦)나 화평굴기(和平崛起)에 비유하곤 했다. '칼집에 칼날의 빛을 감추고 어둠 속에서 은밀하게 힘을 기르듯 자신의 재능과 명성을 드러내지 않고 참고 기다린다'는 뜻의 도광양회나 '평화적으로 우뚝 솟음'이라는 화평굴기의 표현에서, 중국의 대외정책방향이 적극적이고 공격적인 쪽은 아니었다는 것을 알 수 있다. 중국은 미국의 일방주의에 대항하면서도 평화와 자주성을 견지하는 유연한 외교를 펼쳤다. 대외적 평화, 대내적 조화라는 기조 아래 중국의 발전을 중장기적으로 모색하겠다는 국가전략을 갖고 있었던 것이다.

그러나 1978년 개혁 개방 이후, 중국이 세계무대에 편입되면서 해외홍보의 필요성이 점차 강하게 대두되었다. 특히 중국이 성장 발전하여 세계중심국가로 자리매김하는 과정에서 자국의 이미지를 관리하고 형성해 나갈 공공외교에 점차 많은 비중을 둘 것은 틀림없다. 중국은 21세기 외교 목표를 중국 문화의 힘을 바탕으로 하는 중국 중심의 세계질서 구축과 동양의 가치관 확산으로 설정하고, 한자보급을 비롯한 중국의 문화 확산에 열을 올리고 있다. 이러한 배경에는 급성장한 중국의 존재를 국제사회에 바르게 알리고, 중국 위협론을 중심으로 한 중국에 대한 저항감을 약화시키려는 목적이 있다. 더욱이 정치 외교적으로도 티베트 독립문제 등에 대처가 필요하기 때문인 것으로 보인다.

중국의 대외홍보 주무부서는 장관급인 국무원 신문판공실이다. 신문판공실 주임은 중국 공산당 선전부 부주임을 겸하고 있는 데서도 알 수 있듯이 중국의 이념과 정책을 실현하고 집행하는 정부 중앙부처다. 언론 주무부서기도 한 신문판공실은 중국의 입장을 설명하는 영상자료와 인쇄물 등 각종 홍보물을 제작하여 세계 각 공관에 파견된 신문관(홍보관)을 통해 배포하고, 외국어로 된 홍보용 웹사이트도 운영하고 있다.

중국 문화부는 세계 각국의 중국 문화원을 통해 전시회, 공연 등을 개최하면서 중국의 문화를 전파하고 있으며, 이와는 별도로 2007년부터 중국 교육부는 산하기관인 공자학원(孔子學院)을 세계 곳곳에서 운영하고 있다. 공자학원은 한자 교육을 주된 사업으로 하면서 중국 문화 전파를 위한 각종 행사도 개최한다. 중국은 조만간 전 세계

500개의 공자학원을 개원하여 운영할 계획을 세워놓고 있다. 프랑스의 어학교육 센터인 알리앙스 프랑세즈(Alliance Francaise)가 120년 동안 110개를 운영하고 있는 것과 비교하면 엄청난 숫자다. 중국 정부는 공자학원 운영비의 20~30% 지원하고 있으며, 공자학원 총사령은 공산당 서열 18위인 부총리급인 국무위원 류엔둥(劉延東)이 맡고 있다.

중국에 대한 외국 언론들의 보도 관련 업무는 중국 외교부가 담당한다. 중국 북경에만 외신기자 550여 명이 상주하고 있으며 이들의 친목 단체인 북경외신기자클럽(Foreign Correspondent Club China, FCCC)이 결성되어 있다. 1주일에 2회 외교부 청사에서 외교부 대변인이 중국의 대외정책이나 국제관계 현안에 대해 외신들을 대상으로 정례 브리핑을 실시한다. 이 외에 중국 지방정부와 연계하여 중국정부의 일체 경비 부담으로 중국의 발전상을 홍보하고 긍정적인 이미지를 제고하기 위한 외신기자 '프레스 투어'를 수시로 실시한다. 그러나 북경외신기자클럽은 중국정부가 인가하지 않은 단체로 되어있어 활동은 극히 제한적이다. 북경 올림픽 이후 중국정부가 외신기자들의 취재 자유를 확대하기는 했으나 아직은 상당한 제약을 가하고 있는 실정이다.

북경 올림픽 이후, 중국의 국가 브랜드를 알리기 위한 해외 홍보가 본격화되었다. 올림픽을 거치면서 중국은 외국 언론들이 편파적이고 왜곡된 보도를 통해 중국에 대한 부정적인 이미지를 조성했다고 판단했다. 때문에 중국 정부는 자국 매체를 통한 해외 보도를 확대해 중국의 이념과 가치를 확산하고자 하고 있다. 그 예로 중국의 관영

통신사인 '신화사'는 해외 특파원을 대폭 확대하는 한편, 2009년 12월 해외전담 방송국(CNC)을 설립하여 첫 방송을 실시하고 2010월 7월부터는 본격적으로 방송을 개시하기도 하였다. 올림픽의 성공적인 개최와 더불어 바야흐로 중국이 강대국으로서의 입지를 보다 공고히 하기 위한 국가 브랜드 알리기에 전력을 기울이기 시작한 것이다.

03

독일

　　　　　　독일의 해외홍보는 독일 공보처가 주관하는 정치홍보와 외교부가 중심이 되는 문화홍보로 양분할 수가 있다. 이는 단기적인 선전 활동 중심인 정치 홍보와 장기적인 문화외교활동을 구분하기 위한 것이다. 독일 공보처는 국내에서는 외국 특파원 취재지원 활동으로 독일의 정책에 대한 올바른 보도를 유도하고 해외에 나가 있는 공관에도 정치홍보를 전담하는 공보담당관을 파견하여 주재국의 반응과 주재국 언론 보도를 분석하게 하고 국내 주요 부서에 피드 백(Feed Back)할 수 있도록 하였다.

　독일은 문화홍보를 외교의 중요한 부분으로 인식하고 있으며, 외무부의 지원을 받는 산하기관들이 이러한 임무를 수행한다. 독일 문화원(Goethe Institute)은 독일어 교육을 중심으로 독일 문화에 대한 외국인들의 이해를 증진하고 독일, 독일인들에 대한 이미지를 형성해간다. 또 외무부 산하의 독일국제교류협회는 독일과 외국간의 교류 촉진을 목적으로 외국의 주요 인사 및 언론인 초청 사업을 주로 담당하고 있다.

독일의 해외홍보 수단 역시 TV와 라디오를 통한 전파매체, 신문 등의 인쇄 매체, 영화, 도서관, 전시회 등을 중점적으로 활용하고 있다. 해외주재관은 주재국의 언론계, 학계 등 여론지도층과 접촉하여 자료를 제공하고 배경 설명을 통해 독일에 우호적인 분위기를 만들어가고 있다.

04

영국

영국의 홍보조직은 크게 국내에서 간행물 등의 자료 발간을 주로 하는 중앙간행물제작소(Central Office of Information, COI)와 해외 영국 문화원(The British Council)이 있다. 또 이와는 별도로 운영되는 BBC 국제방송이 BBC World News를 통해 국내외 주요 이슈에 대한 영국 정부의 입장을 전달하고 영국의 생활상과 과학기술의 발전상을 전파하여 영국 이미지를 구축하고 있다.

영국은 국익과 직접적인 관련이 있는 경제홍보에도 치중을 하고 있다. 재무성 산하 기관인 COI는 영국 외무성의 의뢰를 받아 영국에 관련된 다양한 형태의 정기, 부정기 간행물을 발간하여 해외에 배포하고 있으며, 특히 영국의 산업, 과학, 기술과 관련된 자료도 간행물로 제작 배포한다. 이 외에도 각종 전시회를 개최하고 정부 다른 부처의 용역을 받아 번역 및 현지어 출판 사업을 한다.

영국 문화원은 외무성의 지원을 받아 영국 공식 기관으로 활동하는 비영리 법인기관으로 교육, 문화, 과학 학술 분야에서 대외협력을 통해 영국에 대한 호감을 높이고 각 나라들과의 호혜관계를 형성해 간다. 해외의 도서관 운영을 통해 정보 서비스를 제공하고 영어 교육 사업을 적극 전개한다. 민간 기업의 후원으로 대규모 문화 행사도 개최한다. 영국 해외 홍보의 특징은 정치홍보 보다는 문화홍보와 과학기술홍보에 치중하는 경향이 있다는 것과 해외 홍보를 위한 전담 기구가 없다는 것이다. 영국 문화원을 중심으로 하는 문화홍보를 주축으로 하여 영화, 영어 교육, 전시회, 자료실 운영 등을 통해 영국의 국가 브랜드를 전 세계에 널리 확산하고 있다.

05

일본

일본은 외무성이 정책 홍보와 문화 홍보를 전담하고 있다. 일본의 해외 홍보는 일본의 외교정책에 대한 홍보 외에 일본에 대한 소개와 일본의 이미지 제고를 위한 문화 홍보에 집중하고 있다. 외무성 광보과(廣報科)가 주무부서로서 해외홍보 기본계획을 수립하고 해외 공보문화원을 운영하고 있다. 해외 홍보 사업은 언론인 초청 사업과 문화계 인사 및 청소년 교류 사업에 역점을 두고 있다.

일본은 1972년부터 외무성 산하에 특수법인체로서 국제교류기금(The Japan Foundation)을 운영하고 있다. 국제교류기금은 해외의 공보문화원과는 별도 조직으로, 문화센터 운영을 통해 일본에 대한 이해를 증진시키고 국제사회의 각 분야에 공헌함으로써 조화로운 대외관계를 넓혀가기 위한 종합적이고 효율적인 문화교류 사업을 전개하고 있다.

  일본의 국제교류기금은 특히 각 분야의 전문가들을 중심으로 한 문화 홍보에 주력하고 있다. 예술, 학술 전문가들을 해외에 파견하고 각국의 일본관련 분야 종사자 초청, 해외의 일본어 교육, 일본 문화 소개를 위한 전시 및 공연 행사 개최, 일본 소개 도서 출판, 심포지엄 개최 등 다양한 사업을 전개 중이다. 우리나라는 일본의 이 조직을 벤치마킹하여 1991년 한국국제교류재단(The Korea Foundation)을 출범시키기도 했다.

Part 7

코리아, 넘버원이 되는 날까지 달리자

1. 바로 지금이다 | 2. 홍보의 두 기둥, 정책과 문화를 생각하자 | 3. 선택과 집중을 통한 맞춤형 홍보가 필요하다 | 4. 등잔 밑이 어둡다 | 5. 사람에게 감동을 주는 해외 홍보 | 6. 동방예의지국, 우리의 경쟁력 | 7. 박세리와 비빔밥 | 8. 중국이 중요한 변수로 등장하다 | 9. Made in Korea로 승부한다

01

바로 지금이다

　　　　　　국가 브랜드 '대한민국'을 세계에 널리 알리기에 요즘만큼 적절한 시기를 찾기 어렵다. 공공기관과 민간이 너나없이 힘을 합쳐, 해외 홍보에 적극적으로 나서야 한다. 구슬이 서 말이라도 꿰어야 보배라는 말이 있듯이, 우리 국가가 내적으로 지극히 충실해졌더라도 그것을 대외에 적극적으로 알려야 그에 걸맞은 결실을 얻을 수 있기 때문이다.

　먼저 우리 정부의 해외홍보 역사를 살펴보자. 1960년대 자유대한민국의 체제 우월성 홍보에서부터 시작하여, 70~80년대의 정권 홍보의 시기를 거쳐, 90년대에서 2010년 현재까지의 눈부신 경제성장과 민주주의 발전을 동시에 이룬 선진 한국의 모습을 세계사에 유례를 찾기 힘든 모범적인 국가로서 홍보하기에 이른 것으로 요약할 수 있을 것이다.

실로 우리나라는 지난 반세기의 짧은 기간 동안 경제 성장과 민주주의 발전이라는 두 마리 토끼를 잡는데 성공하였고, 그만큼 국제무대에서 한국의 위상 또한 크게 향상되었다. 세계지도국가 그룹회의인 G20회의가 성공적으로 한국에서 개최한 것 자체가 세계무대에서 한국의 영향력이 입증된 것이라 할 수 있다. 민간 부문에 있어서도 삼성, LG, 현대 등 대기업들은 이미 글로벌 마켓에서 일류기업으로서 그 인지도를 높여왔다.

이러한 대한민국의 국력에 걸맞고, 나아가 앞으로의 국력 신장 추동력을 이어가기 위해서 한국의 이미지를 재점검하고 한 단계 업그레이드할 대책을 내 놓아야 할 시기가 왔다. 과거 냉전 종식과 함께 우리 체제 홍보의 필요성은 줄어들었다. 또한 한국은 이미 군사정권을 종식하고 문민통치의 민주주의 국가로 발전해 개인과 언론의 자유를 만끽하고 있는 나라기도 하다. 경제적으로는 국민소득 2만 불 시대의 풍요로운 삶을 영위하고 있으며 다문화 가정이 급속히 늘어나고 있다. 이렇듯 국내외적인 환경이 변화하고 있는 시기에 우리의 국가 이미지를 어떻게 관리하고 향상시켜 나갈 것이냐에 대하여 바로 지금부터 민관(民官)이 함께 진지하게 고민하고 실천해 나가야 할 것이다.

02

홍보의 두 기둥, 정책과 문화를 생각하자

홍보의 가장 중요한 뼈대가 되는 것은 정책홍보와 문화홍보다. 건축에서도 기초가 튼튼해야 높고 견고한 건물을 지을 수 있는 것처럼 국가 브랜드를 홍보할 때도 충실한 정책홍보와 문화홍보가 먼저 기반이 되어야 한다.

외국의 사례를 살펴보면 미국의 경우, 미국의 가치와 이념 및 정책홍보는 해외공보처(USIA)가 전담하고, 도서와 출판물 등을 통한 자료 제공은 미 문화원이 주로 하고 있다. 문화행사는 문화원이 후원하고 민간 차원에서 이뤄지는 경우가 대부분이다. 독일과 프랑스의 경우는 영화 등 문화 홍보와 함께 자국의 언어를 보급하는데 치중하고 있는 것이 특징이다. 중국의 경우도 언어 보급을 위한 정부 지원과 노력의 역사가 길지는 않지만, 공자학원을 통한 한자 보급에 열을 올리고 있다. 영국의 경우, 정부가 자국의 선진된 과학기술분야의 홍보를 통해 국제사회에서 영국 기업의 경쟁력을 확보하는데 주력하고 있다.

우리나라의 해외홍보는 초기부터 정책홍보와 문화홍보가 함께 추진되었다. 다만 정권이 바뀔 때마다 해외홍보 전담부서의 소속에 따라 정책홍보와 문화홍보의 비중을 조금씩 달리 했을 뿐이다. 공보처와 국정홍보처가 존재했을 당시에는 정책홍보에 비중을 둔 반면, 이들 부처가 폐지되고 문화부에 해외홍보 기능이 이관되었을 때는 문화홍보에 무게가 실렸다.

우리는 동양문화권이면서도 중국, 일본과는 구별되는 독자적인 5천년 역사와 우수한 전통문화를 가진 민족이다. 우리의 전통 음악, 무용, 그리고 불교문화 등은 중국과 일본의 문화와는 완전히 차별화될 뿐만 아니라 국제무대에서 매력을 끌기에 충분하다. 현대 문화 부문에서도 비디오 아티스트 백남준, 소프라노 조수미 등은 이미 세계적인 명성을 얻고 있다. 국가나 기업이 경쟁력을 갖추기 위해서는 문화적 저력이 바탕에 있어야 가능하다. 우리나라가 한 단계 더 도약하기 위해서는 오늘의 발전된 대한민국을 가능하게 한 문화의 힘을 전 세계인에게 널리 알려야 한다. 해외 무대에서 우리의 전통 문화를 홍보하는 노력이 앞으로 더 활발하고 지속적으로 진행되어야 한다는 것이다.

한편 주변은 강대국들로 둘러 쌓여있고, 여전히 세계 유일의 분단국으로 남아있는 현실을 감안하면 통일문제 논의를 비롯한 정책 홍보의 중요성도 간과할 수 없다. 또한 녹색성장 등 전 지구적인 이슈에서도 주도권을 갖고, 우리 기업들의 경쟁력을 향상시키기 위한 경제정책 홍보에도 주력해야할 것이다. 이처럼 국가 브랜드를 알리는 해외 홍보에 있어서 정책홍보와 문화홍보의 두 축이 근간이 되어야 한다.

03

선택과 집중을 통한 맞춤형 홍보가 필요하다

국가 홍보에도 비즈니스적인 마인드가 필요하다. 삼성그룹의 이건희 회장이 늘 강조하듯 국가 브랜드를 알리는데 있어서도 선택과 집중을 해야만 효과적인 홍보를 할 수 있다. 엄격히 말한다면 우리나라는 선진국과 후진국의 중간에 위치한 국가군에 속한다. 따라서 우리가 홍보해야 할 대상국에 따라 맞춤형 홍보를 할 필요가 있다. 미국, 영국, 프랑스 등 소위 서방 선진국을 대상으로 한국의 경제 성장이나 민주주의 등 발전상을 홍보하기 보다는 전통문화를 포함한 문화홍보를 통해 한국의 이미지를 심는 것이 효과적이다. 특히 같은 동양문화권인 중국, 일본과는 차별화된 전통문화를 통해 한국에 흥미를 갖도록 해야 할 것이다. 가령, 한국 불교의 세계화 등은 대대적으로 추진해볼만 한데, 우리의 불교문화가 중국과 일본에 비해 훨씬 전통적이라고 생각하는 서방 선진국 사람들에게 한국 사찰 순례나 템플 스테이(Temple Stay)같은 프로그램은 한국 문화를 알리는 훌륭한 소재가 된다.

반면 동남아, 남미, 아프리카 등 후발 개도국에 대해서는 한국인의 교육열과 근면성, 역동적인 한국 경제발전상이 좋은 홍보 소재가 될 것이다. 미국 오바마 대통령이 수차례 한국의 교육에 대해 언급한 바 있고, 브라질 등 먼 남미 국가에서도 한국의 교육제도를 배우고자 할 정도로 천연 자원이 거의 없는 한국이 고도 성장을 할 수 있었던 배경에는 한국인들의 교육열과 근면성이 있었다는 것은 이미 잘 알려진 사실이다. 아프리카 등의 후진국과 후발 개도국들에게는 한국인들의 교육열과 한국교육이 선망의 대상이자, 한국 국가 이미지에 결정적인 영향을 미칠 요소라는 것이다.

국가 이미지를 형성하는 방법에 있어서도 상대국의 실정을 고려해야 한다. 세계 어느 나라도 우리나라만큼 인터넷이 편리하게 발달한 국가는 없을 것이다. 그래서 우리의 홍보 방식도 웹사이트를 통한 홍보 등 온라인 매체에 지나치게 의존하는 경향이 있다. 하지만 우리보다 발전이 늦은 후발 개도국의 경우 대부분 국가의 인터넷 환경이 열악하기 때문에 이들 국가를 대상으로 하는 해외 홍보는 책자 등의 인쇄물이나 영상자료를 통한 오프라인 홍보로 접근해야 한다. 국가에 따라서는 인터넷 접속자체를 통제하는 경우도 있다는 사실을 감안해야 한다. 해외홍보 현장에서 한국을 제대로 알릴만한 근사한 화보집(畵報輯) 하나 없이 인터넷 홍보에만 의존하는 것은 대포 없이 기관총으로만 전투를 하는 격이다.

거시적인 관점에서 우리 국가 이미지를 홍보할 대상 국가를 선정하는 데 있어서도 선택과 집중의 원칙이 적용되어야 할 것이다. 우선 대상 국가를 선택하는 기준은 우리 국익에 가장 영향력을 미치는 나라와 지역, 그리고 우리 기업이 많이 진출하고 있는 곳으로서 우리 경제와 관련이 많은 지역이 될 것이다. 우리의 국익에 중대한 영향을 미치는 미국, 중국, 러시아 및 일본 등 주변 4강을 위시한 선진국을 비롯하여 브라질, 중국, 인도, 베트남 등 경제 대국에도 집중해야 한다.

특히, 주변 4강 국가에 대한 홍보업무를 효율적으로 하기 위해서는 역량을 충분히 겸비한 고위직 외교관이 파견되어야 한다. 이들 나라에 나가 있는 우리 공관장들은 중요한 현안이 너무 많아 매일 같이 정무, 경제 분야 업무만으로도 바쁜 일정을 보내고 있는 실정이어서, 설사 문화홍보에 관심이 있는 공관장이라 할지라도 우선순위가 앞서는 업무에 쫓기다 보면 홍보 업무에는 본의 아니게 소홀할 수 밖에 없다. 이러한 상황을 고려하여 특히 주변 4강 국가의 문화 홍보관은 스스로 업무의 경중과 완급을 판단할 수 있을 정도의 경륜이 있는 고위직으로 파견할 필요가 있다.

개별적인 나무와 숲 모두를 살필 줄 알아야 좋은 정원을 가꿀 수 있는 것처럼 이렇게 전체적인 대상국가 선정에서부터 개별 국가에 이르기까지 선택과 집중을 바탕으로 한 차별화된 맞춤형 홍보가 필요하다.

04

등잔 밑이 어둡다

지구촌이라는 것이 이제는 흔한 말이 되었다. 교통수단과 정보통신기구들이 발달하면서 세계가 마치 한 마을처럼 가까워진 것이다. 우리나라는 이러한 지구촌의 한 구성원이다. 한국에서 취업을 했거나 결혼 후 가정을 꾸려 살고 있는 외국인, 잠시 한국을 방문한 관광객까지 포함하면 수백만 명의 외국인들이 한국에 체류하고 있다. 이는 한국의 생활수준이 높아져 살기 좋은 나라로 발전되면서 자연스럽게 나타나는 현상으로, 특히 한국인과 결혼하여 다문화 가정을 꾸리고 사는 외국인과 자녀의 수가 급속히 늘어나고 있는 상황이다. 외국인들이 국내에 머무는 동안 한국사회와 한국인들로부터 받는 인상은 그들 자신뿐만 아니라 고국에 있는 동료와 친지들에게까지 영향을 미친다는 사실을 잊지 말아야 한다.

중국에서 발생한 반한(反韓)감정의 씨앗이 중국에 있는 우리 동포인 조선족들로부터 싹트기 시작했다는 설명이 설득력을 얻은 적이 있었다. 한국에 취업을 한 조선족들이 한국에서 지내며 느낀 한국, 한국 사람에 대한 부정적인 인상이 귀국 후 가족들과 주변 사람들에까지 번져 한국에 대한 좋지 않은 감정이 자리 잡게 된 것이다. 같은 동족이라고 생각했던 한국 사람들의 무시하는 행동은 그들을 더욱 실망시켰을 것이다.

2009년도 중국 사회과학원이 한국에 대한 중국인들의 이미지를 조사한 결과, 조선족이 가진 한국 국가에 대한 이미지와 한국인에 대한 이미지가 다르게 나타난 것은 우리에게 많은 시사점을 던진다. 한국이라는 국가에 대한 조선족들의 호감도는 한족(漢族)에 비해 높게 나타난 반면, 한국인에 대한 호감도는 한족보다 낮게 나타났다. 이는 고국인 한국에 대한 감정은 좋은 데 반해, 그런 그들이 한국에 와서 경험한 실제 한국 사람들의 행태는 그들의 기대에 미치지 못했다는 의미일 것이다.

그래도 조선족은 그 뿌리가 우리 민족과 가까워서 반한감정이 생긴다 해도 오래 가지는 않을 것이다. 그러나 동남아 지역 등의 외국인 근로자들이 국내 기업에서 일하는 동안 받은 부당한 처우에 대한 불만은 고스란히 반한감정이라는 부메랑으로 돌아오게 된다. 이제 국내에도 많은 외국 관광객과 취업 근로자들이 살고 있다. 이들이 자국으로 돌아가면 결국 한국에 대한 이미지의 전도사가 된다. 등잔 밑이 어둡다는 말에서 얻을 수 있는 교훈처럼 한국과 한국인에 대한 이미지 제고 대상을 먼 곳에서 찾을 것이 아니라 먼저 자국에서 일하는 외국인 노동자, 동포인 조선족들을 따뜻하게 대하는 것에서부터 시작해야 한다. 이들에게 먼저 우리의 좋은 이미지를 심을 수 있도록 우리 사회가 함께 노력해 나가야 할 것이다.

05

사람에게 감동을 주는 해외홍보

세상만사가 그렇듯 마음을 얻지 못하면 근본적인 신뢰와 협력을 이끌어낼 수 없다. 말을 물가까지 강제로 끌고 갈 수는 있어도 억지로 물을 먹일 수는 없듯이 국가 브랜드를 알리고 해외홍보를 하는데 있어서도 감동을 주고, 마음을 움직이는 것이 무엇보다 중요하다.

따라서 해외홍보는 그 나라 국민들의 마음을 얻는 데서부터 시작해야 한다. 그리고 문화와 종교, 관습이 다른 이들의 마음을 얻기 위해서는 그들을 먼저 이해하는 데서 출발해야 한다. 즉, 우리 것을 알리기 이전에 그들이 마음을 열도록 하는, 상호 호혜적인 접근이 필요하다. 그간 우리의 해외홍보는 일방적으로 우리 것만을 알리는데 급급한 측면이 있었으며, 일과성 내지는 단기적인 목표를 거두는 홍보에 너무 익숙해져 있었다.

2008년 5월 중국 쓰촨성(四川省)에서 발생한 대지진 구호 과정에서 일본이 중국인들의 마음을 사로잡은 활동이 화제가 된 적이 있었다. 구조현장에서 일본 국제긴급구조대의 활동을 담은 사진 한 장이 중국인들을 크게 감동시킨 것이다. 당시 쓰촨성에는 우리나라를 위시해 세계 많은 국가들이 구호활동에 참가하고 있었다. 그리고 그 활동상이 연일 중국 언론에 대서특필되는 상황이었다.

그 중에서도 5월 17일, 무너진 병원에서 발굴된 한 중국인 여성의 시체를 앞에 놓고 일본 긴급 구조대원들이 양쪽으로 도열하여 묵념하는 사진 한 장이 중국 언론에 보도되었다. 사진을 본 중국 누리꾼들은 물론이고 보도를 들은 많은 일반인들까지도 크게 감동을 받았다. 중국 신화통신(新華通信)은 그 사진 한 장으로 중국인들의 반일(反日) 감정이 크게 줄어들었을 것이라고 보도했다. 물론 한국에서 파견된 구조대원들도 열심히 구조 작업을 펼치고 많은 성과를 냈다는 사실이 중국 언론에 보도 되었지만 일본 구조대원의 생명을 중시 여기는 인류애가 중국인들을 더욱 감동시킨 것이다.

지구촌 시대에 많은 한국인들이 해외로 나간다. 해외근무를 위한 주재원, 관광객, 유학생 등이 지구 곳곳으로 나가고 있다. 그 중에서도 중국은 지리적으로 가까워 왕래하는 사람들의 수가 더욱 많을 수밖에 없다. 이렇게 해외로 나간 한국인들의 언행과 일거수일투족이 곧바로 한국과 한국인에 대한 이미지로 형성된다는 사실을 잊어서는 안 된다. 특히 중국을 우리보다 후진국이라 생각하는 우월감이 지나쳐 중국인들을 함부로 대하는 경향이 있다. 한국 관광객들의 퇴폐적인 음주문화가 현지 언론에 보도되어 한국에 대해 추한 인상을 심어 준

사례도 있다. 이제는 국민 한 사람 한 사람이 해외홍보에 있어 외교관이라는 생각을 갖고 책임감 있게 행동해야 한다. 그런 섬세한 노력과 배려가 다른 문화를 가진 나라와 민족들에게 감동을 줄 수 있는 것이다.

06

동방예의지국, 우리의 경쟁력

우리도 선진 일등 국민이 되려면 이것부터 고쳐야 한다. 그것은 바로 엘리베이터 탈 때 먼저 타려고 끼어들지 않고, 출입문을 열고 들어가거나 나올 때 먼저 문을 열고 나간 사람이 뒤 따라 오는 사람이 들어 올 때까지 문을 잡아주고, 또 뒤 따라오는 사람은 고맙다는 인사를 하는 여유를 갖는 것이다. 때로는 출입문을 열기가 무섭게 그 사이로 빠져나가는 사람들 때문에 본의 아니게 문열어주는 사람이 되어 한참 문잡고 서 있어야 한다. '실례합니다 (Excuse me)'가 생활화되어 있는 사람들이 서두르며 뒤에 바짝 붙어 다니거나 어깨를 부딪쳐도 아무렇지도 않은 것이 습관화되어 있는 우리를 보면 무슨 생각을 할까. 별것 아닌 것 같지만 이런 기본적인 소양에 무관심하다면 우리가 아무리 IT 강국이라고 큰 소리를 쳐도 국민소득 2만 불 시대에 살고 있다고 하더라도 우리는 선진국으로서의 국격(國格)을 갖췄다고 할 수가 없다.

　우리도 경제성장과 더불어 국제화되고 또한 민주시민의식도 많이 향상되었다. 그러나 아직 우리 주변에서 눈살을 찌푸리게 하는 무례한 우리들의 모습이 쉽게 목격되고 있다. 더욱 문제가 있다고 생각하는 것은 젊은 학생들이 이러한 행동을 스스럼없이 한다는 데 있다. 젊은이들의 모습은 우리 미래의 모습이다. 학교 인성교육에 문제가 있다면, 가정이나 사회에서라도 반드시 가르쳐야 할 것이다. 우리나라 사람들이 중국에 가서 중국인들의 결례하는 모습이나 시민의식이 결여된 행동을 목격할 때 하는 소리가 있다. 중국인들이 저런 부족한 부분이 있어야 그나마 우리가 선진국 행세를 하면서 먹고 살 길이 있다는 것이다.

　요즈음 어지간한 연예인이나 유명 인사들은 국가적 행사나 지방자치단체 행사의 홍보대사로 위촉되는 것을 많이 볼 수 있다. 그만큼 우리가 이미지 홍보를 중요시하고 있다는 것이다. 특히 외국인을 대상으로하는 사업들일 수록 더 많이 신경을 쓰는 것은 당연하다. 그러나 이보다 더욱 중요한 것은 우리 국민 모두가 홍보 대사로 변해야 한다는 것이다. 그래야 한국을 방문한 사람들이 듣던대로 한국이 동방예의지국(東方禮義之國)으로서의 국격도 갖추고, 정말 살기좋고 방문하기에 기분 좋은 곳으로 인식되어, 한번 찾은 방문객이 다시 오고 싶도록 만들 수가 있다. 지구촌 시대에 그것도 우리의 잠재적인 시장이라 할 수 있는 거대한 중국과 동남아 국가들과 우리의 경쟁국인 일본을 앞뒤에 두고 우리가 지속적으로 경쟁력을 갖고 발전해 나가기 위해서는 IT 기술이나 TV 드라마의 매력도 중요하지만 우리 국민들의 격조높은 시민의식도 소프트 파워(Soft Power)로서 중요한 역할을 할 것이다. 그러기 위해서는 우리 5천만 국민 모두가 홍보 대사라는 생각을 가져야 한다.

07

박세리와 비빔밥

얼마 전 일본 유수의 신문사 사장이 한국 전통 음식인 비빔밥을 양두구육(羊頭狗肉)이라고 비하했다가 한국 여론의 질타를 받은 일이 있다. 한식 세계화에 민관이 애를 쓰고 있는 시점에 의도적으로 찬물을 끼얹은 발언이었다. 혹자는 일개 음식에 대해서 외국의 저명한 인사가 심각하게 논평을 한 것도 의아하고, 그에 대한 우리나라의 열혈한 반응도 놀라운 일이라고 생각할 수도 있을 것이다. 일본에서 한국의 비빔밥이 프랜차이즈화 될 정도로 성업중에 있다고 하지 않는다. 하지만 국가 브랜드라는 관점에서 생각해보면 그 사건이 가볍게 치부될 것만도 아니다. 한 나라의 음식이나 스포츠는 그 나라의 국가 이미지를 형성하는데 아주 중요한 역할을 하기 때문이다.

오늘날 스포츠는 해외홍보의 중요한 소재로 등장하고 있다. 국제무대에서 스포츠 경기는 스포츠 이상의 의미를 갖는 것이다. 선수가 금메달을 따는 것은 선수 개인의 영광이기도 하지만 국가 이미지에도 크게 영향을 미치고 있다. 국제 스포츠 무대에는 개인 못지않게 국가의 명예가 달려 있기 때문이다. 매스컴이 발달된 오늘날 이러한 경기의 결과는 실시간으로 전 지구상에 전파되기 때문에 그 효과는 더욱 크게 나타난다.

우리나라 선수들의 선전으로 국격(國格)을 높인 좋은 사례는 박세리 선수다. 미국 골프 무대에서 박세리의 우승은 미국인들로 하여금 한국 스포츠, 한국 선수를 보는 시각을 바꾸게 한 계기가 되었다. 이전까지만 해도 권투나 태권도 등 격투기만 강한 국가로 인식되었던 한국의 이미지에 대한 고정관념을 깬 사건이 된 것이다.

최근에 좋은 사례로 수영 선수 박태환과 피겨스케이팅 선수 김연아를 들 수 있겠다. 이들이 세계무대에서 우승했을 때 중국 언론의 보도는 이를 반증하였다. 그동안 선진국만의 우승 종목인 줄 알았던 수영이나 피겨 스케이팅에서 한국 선수들이 우승했다는 사실은 한국이 확실히 선진국으로 발전하고 있다는 근거로 중국 언론에서 긍정적으로 보도된 바 있다. 국제 스포츠 무대에서의 우승은 국가 이미지 결정에 상당한 파급력이 있는 분야인 것이다.

스포츠에 이어 또 다른 국가 브랜드로 한국 음식을 내세워야 한다. 우리 전통문화 중 춤, 음악, 한복 등은 세계무대에 많이 알려져 한국의 전통문화로 자리 잡았다. 그러나 훌륭한 전통문화임에도 불구하고 아직 세계에 많이 알려지지 않은 분야가 바로 한국 음식이다. 중국 음식은 이미 세계적인 음식으로 자리매김을 한지가 오래다. 일본 음식의 경우도 1970년대부터 세계화를 추진해 성공을 거두었다. 경제가 거침없이 성장하던 시기에 일본에서는 세계 시장에 일본 제품을 계속해서 수출하기 위해서는 일본 문화도 함께 수출해야 할 필요성이 있다는 주장이 대두되었다. 그리고 그런 문화 상품으로 일본 음식이 선정된 것이다. 문화적인 배경이 없는 제품만의 경쟁력에는 한계가 있을 수밖에 없다는 사실을 일본인들은 일찍 인식했던 것이다.

이러한 의식의 전환을 바탕으로 지속적인 노력을 기울인 결과, 이전까지만 해도 서구 사회에서는 조리되지 않은 비위생적인 식품으로 인식되어 먹기를 꺼리던 일본의 스시가 일본의 제품에 대한 신뢰를 등에 업고 전 세계에 퍼져 나가게 된 것이다. 지금은 미국이나 서방 선진국 사람들이 일본 식당에서 스시나 우동을 먹으며 젓가락 사용하는 것을 자랑스럽게 생각할 정도로 일본은 일식의 세계화에도 성공을 거두게 되었다.

일본 음식에 이어 음식 세계화에 성공을 거둔 음식은 태국 음식이다. 태국 음식의 경우 궁중식의 분위기를 가미하고 중국 음식과 차별화하여 나름대로 세계인들의 입맛에 맞춰 나가고 있다. 또한 베트남 국수 역시 틈새시장을 공략하여 서민층을 대상으로 기틀을 잡아가고 있다. 이런 음식들에 비해 한국 음식은 그동안 세계화에 뒤쳐져 있었다. 해외에 있는 한국 식당들은 주로 한국 교민들이나 한국인 출장자들이 찾는 정도였다.

그러다 2000년대 중반부터 불고기, 김치, 비빔밥과 같은 대표적인 한국음식에 대한 외국인들의 평가가 나오면서 우리 정부도 한국음식의 세계화에 눈을 뜨기 시작했다. 또한 중국을 위시한 동남아 국가들에서 한국 드라마인 '대장금'이 공전의 히트를 치면서 우리 음식문화에 대한 호기심이 커지게 되었고, 중국 북경의 경우는 상호가 대장금으로 되어 있는 식당이 15개 정도에 이른다.

특히 얼마 전부터 한식 세계화추진단이 설립되고 재외 공관이 앞장서서 한식홍보 행사를 전개하고 있는 것은 때늦은 감은 있지만 한식 세계화에 크게 기여할 것으로 기대된다. 한식의 세계화는 음식을 통해 한국 문화를 알리는 중요한 수단이며, 경제적인 면에서도 음식물 재료인 한국 농축산물과 한국 식기 등 제반 집기들을 함께 수출할 수 있는 블루오션이라고 할 수 있다. 이처럼 박세리와 비빔밥을 필두로 한 자국의 스포츠와 음식도 국가 브랜드 대한민국을 전 세계에 널리 알릴 수 있는 유용한 수단임을 알아 해외 홍보의 한 방편으로 적극 활용해야 할 것이다.

08

중국이 중요한 변수로 등장하다

근래 중국의 성장 속도는 파죽지세(破竹之勢)라는 말이 딱 어울릴 정도로 그 기세가 대단하다. GDP 규모에 있어서 세계 2위인 일본에 바짝 근접해졌고, 정보통신, 해운, 전기·전자, 가전 산업은 물론 최근에는 항공 산업에 이르기까지 세계 경제를 주도하고 있다. 이러한 면을 생각할 때 우리나라의 해외홍보도 무엇보다 중국에 집중해야 할 필요가 있다. 앞으로 우리 외교의 성패는 중국과의 관계를 순조롭게 가지고 갈 수 있느냐의 여부에 달려 있다고 해도 과언이 아니다.

그 이유로는 첫째, 중국은 역사적으로나 문화적으로 우리와 공통분모가 많은 국가다. 일반적으로 문화적 공통점이 많을수록 양국관계를 심화시키고 양국 국민 간 이해를 돈독히 하기가 수월한 측면이 있다. 반면에, 한중간은 전통문화에 관한 한 종주국 논쟁으로 양국 국민 간 감정 마찰이 자주 있었다. 한자가 한국에서 만들어졌다든가 공자가 한국인 후손이라는 등 우리나라 일각에서 끊임없이 제기되는 주장에 대해 중국 기성세대는 대체로 담담한 반응을 보이고 있지만, 젊은 네티즌들은 과격한 반응을 보이면서 한중 관계에도 부정적인 영향을 미치고 있다. 이러한 측면은 미래지향적인 한중 관계 발전을 위해서 우리가 유념해야 할 부분으로 한국의 전통문화에 대한 학문적 연구는 활발히 전개되어야 하지만, 연구결과를 대외적으로 발표할 때에 확실한 근거가 없는 경우에는 신중을 기할 필요가 있을 것이다. 잇몸이 없으면 이가 시린 것처럼 지리적으로나 문화적으로 어쨌든 서로 돕고 의지해야 하는 관계가 중국과 우리나라의 관계다.

둘째로, 중국은 우리나라 최대의 교역 대상 국가다. 2009년 말 현재 교역량이 1,860억불로서 세계 어느 나라보다 많고, 우리의 흑자 규모가 가장 큰 국가다. 중국의 잠재력을 감안하면 현재만 아니라 미래에도 중국은 우리에게 아주 중요한 경제 파트너다. 특히 중국은 우리에게 거대한 시장으로서의 역할을 할 것이다. 중국의 1인당 국민 소득은 현재 약 3천불 수준으로, 향후 13억 인구의 1인당 소득이 5천불, 1만 불 시대에 진입할 경우 이들의 구매력은 더욱 폭발적인 힘을 지니게 될 것을 알 수 있다. 지금까지 중국이 우리의 생산 기지였다면 앞으로는 우리의 소비 시장이 된다는 것이다. 중국의 발전된 연안지역 대도시 사람들보다 내륙지역의 중국인들은 한국에 대한 이미지가 좋은 편이고, 아직도 한류 바람이 일고 있다. 한국과 한국 상품에 대한 호감을 지속시키기 위해 우리의 이미지를 관리하고 제고(提高)하는 해외홍보의 활발한 역할이 요구된다.

셋째, 현재도 중국과 한국인의 교류가 많은데, 특히 중국인들의 한국 방문은 앞으로 더욱 많아질 것이다. 양국 유학생 수와 관광객은 백만 명을 초과할 정도로 한중간 인적교류는 매우 빈번하다. 특히 우리가 유의해야 할 것은 조선족을 포함하여 상당히 많은 중국인들이 한글을 해독할 수 있기 때문에 언론과 인터넷을 통해 한국에서 일어나는 모든 일들을 빠짐없이 접하고 있다는 사실이다. 인적 교류가 많고 국경을 맞대고 있는 국가일수록 양국 국민 간 감정은 민감하게 작용할 개연성이 있다는 사실은 이미 인류 역사상 입증이 되었다. 한중간도 예외는 아니어서 반한(反韓)감정, 반중(反中)감정이 이미 양국 관계의 중요한 이슈로 등장한 적이 있다. 여기서 전향적인 양국관계, 즉 지속적이고 원만한 인적 교류를 확대해 나가기 위해서는 양국 모두 국민 정서를 관리할 필요성이 있다. 특히, 앞서 강조했듯이 중국의 소득 수준은 높아질 수밖에 없고, 소득 수준이 높아질수록 해외 관광객들이 늘어날 것이므로 중국의 고급 관광객을 유치할 조치와 홍보가 강력히 요구되는 시기가 되었다.

넷째, 중국에 대한 해외홍보가 필요한 가장 중요하고 근본적인 이유는 한반도의 안보와 남북한 관계에서 중국이 중요한 변수로 위치하고 있기 때문이다. 중국과 북한은 공산주의 동맹국이다. 북한은 어려운 경제사정으로 인해 시간이 지날수록 중국에 대한 경제적 의존도가 높아지고 있다. 중국에게는 북한이 미국, 일본 등 강대국에 대한 세력 확장의 완충지로서 전략적으로 중요한 지역이기 때문에 형제국가와 같이 관리하고 통제를 해오고 있다. 북한이 핵실험을 했을 당시 국제사회가 북한을 제재하려고 해도 중국은 소극적으로 동참하면서 자국의 자체 판단에 의해 북한을 지원하기도 하고 제재를 가하기도 하였다. 얼마 전, '천안함 침몰 사고'가 북한의 공격으로 인한 것이라고 명백하게 판명되었음에도 불구하고, 북한에 대한 자국의 체면을 고려하고 또 북한을 코너로 몰아서 자국에 유리할 것이 없다고 판단되자 끝까지 북한 편을 들어주었다. 특히, 중국은 한미동맹 강화에 민감할 정도로 거부 반응을 보이고 있다. 앞으로 한반도 통일 과정과 통일 이후 상황에도 한반도 문제에 깊숙이 관여할 중국은 우리에게는 숙명적 이웃 국가다. 이런 정황들을 모두 고려하여 우리는 지구상의 어느 국가보다도 중국과 중국인들에 대한 관계를 어떻게 가져갈 것인가를 우선적으로 고민하고 대응책을 마련하여야 한다.

09

Made in Korea로 승부한다

우리의 국가 브랜드가치를 논할 때 마다 '코리아 디스카운트(Korea Discount)'라는 말이 자주 등장한다. 이는 국제시장에서 삼성, LG, 현대 등 우리 대기업의 이미지가 한국이라는 국가 이미지를 앞선다는 뜻이다. 그래서 한국의 제품가격이 제값을 받지 못하고, 한국 제품이라는 이유로 제품의 질에 비해 가격이 낮게 책정되는 경향이 있다. 실제로 미국의 자동차 시장에서 거의 같은 크기와 성능의 차종이라 할지라도 일본 자동차 값이 한국 자동차 값보다 2~3천불 정도 더 고가로 팔린다. 이는 일본이라는 국가 이미지가 일제 자동차 값에 플러스 요인으로 반영된 반면, 한국 자동차의 경우 그렇지 못하다는 것을 단적으로 보여주는 예다. 일본 국민들의 정직성, 근면성, 신뢰성 등이 소비자들에게 긍정적인 이미지로 자리 잡고, 부지불식간에 일본 제품을 선호하게 만드는 것이다.

심지어 외국인들 중에는 삼성을 일본 기업으로 알고 있는 소비자가 많다. 삼성제품의 좋은 품질이 일본을 연상케 했을지도 모른다. 우리의 대기업 삼성, LG, 현대 등은 세계시장에서 그들의 기업 브랜드가 이미 많이 알려져 있고 인정을 받고 있다. 이들 기업은 제품의 질뿐만 아니라, 현지에서 각종 사회공헌 활동 등을 통해 좋은 기업 이미지를 형성해 나가는 노력을 많이 하고 있다. 경우에 따라서 이들 대기업에게는 한국이라는 국가 이미지가 별 도움이 되지 않는 상황도 있을 수 있을 것이다.

각종 여론조사 결과에 의하면, 한국에 대해 외국인들이 가지고 있는 부정적인 이미지는 대체로 남북한이 대치하고 있는 상황, 과격한 노사문화, 폭력적인 거리시위 등으로 요약된다. 최근에는 국회의사당에서의 폭력 장면까지 알려져 한몫을 했을 것으로 생각된다. 이러한 이미지가 결국 우리 기업들의 제품을 평가 절하하게 되는 요인으로 작용하고 있는 것이다. 실제 해외 현지에서 국가홍보를 위한 민관합동 행사에 대기업들이 적극성을 보이지 않는 것은 이를 반증하는 것이다.

앞서 말했듯, 미국이나 일본의 경우 국가 이미지가 이들 기업의 제품들에게 긍정적인 영향을 미쳐, 국제시장에서 경쟁력을 갖도록 하는데 기여해 왔다. Made in USA, Made in Japan이면 소비자들이 신뢰하고, 고가로 평가된다.

반면, Made in China의 경우 아직은 상품의 질에 상관없이 싸구려 물건으로 치부하는 경향을 보인다. 현재 우리는 그 중간 정도의 위치에 있다. 우리나라 대기업 브랜드가치에 걸맞은 수준으로 한국의 국가 이미지를 부단히 끌어 올려 우리 기업들이 Made in Korea로 당당하게 승부할 수 있도록 해야 할 것이다.

더 큰 대한민국을 꿈꾸다

초판 1쇄 인쇄 | 2011년 1월 3일
초판 1쇄 발행 | 2011년 1월 20일
지은이 | 이기우
펴낸이 | 정봉선
기획 | 박찬익   마케팅 | 양충희   편집 | 김민정
발행처 | 정인출판사
주소 | 서울시 성동구 도선동14 신한넥스텔 1506호 (우 : 133-714)
문의전화 | 02) 922-1334   팩스 | 02) 925-1334
홈페이지 | www.junginbook.com   블로그 | blog.naver.com/junginbook
등록 | 제303-1999-000058호
ISBN | 978-89-94273-17-4 (03340)

ⓒ 이기우, 2011
저작권법에 의해 보호받는 저작물이므로 무단 전재와 복제를 금합니다.

이 도서의 국립중앙도서관 출판시도서목록(CIP)은 e-CIP 홈페이지(http://www.nl.go.kr/ecip)에서 이용하실 수 있습니다. (CIP제어번호: CIP2010004750)

※ 책 값은 뒤표지에 있습니다.